历史的丰碑丛书

流芳百世的南美解放者
玻利瓦尔

董小川　编著

吉林人民出版社

图书在版编目(CIP)数据

流芳百世的南美解放者——玻利瓦尔 / 董小川编著.
-- 长春:吉林人民出版社,2011.4（2025.4 重印）
（历史的丰碑丛书）
ISBN 978-7-206-07595-7

Ⅰ.①流… Ⅱ.①董… Ⅲ.①玻利瓦尔,
S.（1783 ~ 1830）-传记-青年读物②玻利瓦尔,
S.（1783 ~ 1830）-传记-少年读物 Ⅳ.① K837.747=41

中国版本图书馆 CIP 数据核字 (2011) 第 039425 号

流芳百世的南美解放者 玻利瓦尔
LIUFANG BAISHI DE NANMEI JIEFANGZHE BOLIWAER

编　　著:董小川
责任编辑:赵元元　　　　封面设计:孙浩瀚
制　　作:吉林人民出版社图文设计印务中心
吉林人民出版社出版 发行(长春市人民大街7548号　邮政编码:130022)
印　　刷:北京一鑫印务有限责任公司
开　　本:787mm×1092mm　　1/16
印　　张:8　　　　字　数:72千字
标准书号:ISBN 978-7-206-07595-7
版　次:2011年4月第1版　　印　次:2025年4月第3次印刷
定　价:35.00 元

如发现印装质量问题,影响阅读,请与出版社联系调换。

编者的话

"欲知大道，必先为史"。

回溯人类的足迹，人们首先看到的总是那些在其各自背景和时点上标志着社会高度和进步里程的伟大人物。他们是历史的丰碑，是后世之鉴。

黑格尔说："无疑，一个时代的杰出个人是特性，一般说来，就反映了这个时代的总的精神。"普希金说："跟随伟大人物的思想是一门引人入胜的科学。"

以史为鉴，面向未来。作为21世纪的继往开来者，我们觉得，在知史基础上具有宽广的知识结构、开阔的胸襟和敏锐的洞察力应是首要的素质要求，而在历史的大背景中追寻丰碑人物的思想、风范和足迹，应是知史的捷径。

考虑到现代人时间的宝贵，我们期盼以尽量精短的篇幅容纳尽量丰富的信息，展现尽量宏大的历史画卷和历史规律。为此，我们编撰了这套丛书。

编撰丛书的过程，也是纵览历代风云、伴随伟人心路、吸收历史营养的过程。沉心于书页，我们随处感受着各历史时期伟大人物所体现的推动历史进步的人类征服力量。我们随着伟人命运及事业的坎坷与辉煌而悲喜，为他们思想的深邃精湛、行为的大气脱俗而会意感慨、拍案叫绝。

然而，在思想开始远游和精神获得享受的同时，我们也随之感受到历史脚步的沉重和历史过程的曲折。社会每前进一步都是艰难的，都伴随着巨大的痛苦和付出。历史的伟大在于它最终走向进步，最终在血污中诞生了鲜活的"婴孩"。

历史有继承性和局限性，不能凭空创造。伟人也有血肉，他们的思想、行为因此注定了同样具有历史的局限性和阶级的、时代的烙印；他们的功业建立于千千万万广大人民群众伟大创造的基础上。历史是人民群众创造的，伟大的人物们是历史和时代造就的。同时，我们也无法否定此间他们个人的努力。这也正是我们编撰这套丛书的目的。

我们期盼着这套丛书得到社会的认同，对读者，特别是青少年读者之历史感、成就感和使命感的培养有所裨益。史海浩瀚，群

星璀璨。我们以对广大青少年读者负责的精
神，精心遴选，以助力青少年成长进步，集
结出版了《历史的丰碑》系列丛书，敬请读
者批评、指正。

历史的丰碑丛书

近200年来，在南美洲，西蒙·玻利瓦尔这个名字家喻户晓，老幼皆知。他虽然出身豪门，但自幼聪明勤奋，志向远大。他的个性鲜明、勇敢、浪漫。外表英俊潇洒，不乏风流韵事，是一个目光远大的理想主义者。玻利瓦尔对物质利益毫不在意，他进入政界是富翁，隐退时成了穷汉。当时，南美作为西班牙的殖民地已有300年的历史，当地人民为争取独立进行过无数次斗争，但均遭失败。是解放者玻利瓦尔和他的战友们，经过艰苦奋斗，浴血沙场，终于使南美北部各国摆脱了殖民枷锁，取得了民族独立。但是，独立之后，南美各国之间却矛盾重重，争执不断。玻利瓦尔又为弥合这些裂痕而呕心沥血，奔走呼号。最后，他忧病交加，年仅47岁就离开了人世。然而，解放者的英名流芳百世，他那伟大的政治抱负、勇敢的斗争精神、顽强的品德性格、执拗的爱国主义思想，永远铭记在后人心中。

目　录

幸福但却曲折的早年生活

> 生活本身既不是祸，也不是福，它是
> 祸福的容器，就看你自己把它变成什么。
> ——蒙　田

西蒙·玻利瓦尔，1783年7月24日生于南美北部委内瑞拉境内的加拉加斯。这是一个人口不多、建筑简陋，但风光优美、气候宜人的热带城镇。玻利瓦尔的父亲胡安·维森特·玻利瓦尔和母亲玛丽亚·孔塞普西翁·帕拉西奥斯，都出身于加拉加斯的名门之家，当地有名的土生白人种植园主家庭。据考证，玻利瓦尔的祖先16世纪末到达委内瑞拉，到玻利瓦尔出生时，已有近2个世纪的历史。玻利瓦尔家族地位显赫，并且通过不断的联姻关系，同当地最早

→解放者玻利瓦尔

的征服者和定居者结合在一起。在玻利瓦尔的先辈中，父系方面有一位名叫玛丽亚·何塞法·马林·德纳瓦埃斯的夫人，她的父亲是白人，但人们不知道她的母亲

是谁。人们猜测，她母亲很可能是个黑人，因为夫人本身长相美丽，肤色带有黑美人的特点。如果这是真的，那么，玻利瓦尔就有些黑人血统。其实，这一点儿都不奇怪，在当时的西班牙所属的南美殖民地，白人、黑人和土著印第安人联姻所生的混血人无计其数，多重混血者也不少见。这一点，我们在下文中还将详细说明。

玻利瓦尔的童年是金色的。他1825年在给舅父埃斯特万·帕拉西奥斯的信中曾怀念以往的童年生活："多少往事一下涌进了我的脑海。我在幻觉中看到，我的好母亲从坟墓中苏醒。我的幼年，人们为我举行坚信礼的场面、我的教父，这一切汇合在一起，使我知道您就是我的第二父亲。我所有的叔伯舅父，所有的

伟人广场坐落在加斯加拉的西北侧，核心的中部是两块巨大的纪念碑，浮雕刻着当年南美解放运动的四大著名战役。

兄弟姐妹，我的外祖父，我童年的游戏，您在我还不懂事的时候送我的各种礼品……，都接踵出现在我的脑海，唤起了我最初的激情。"从解放者对往事的缅怀中，不难猜想，他的童年是那样的无忧无虑。那时的加拉加斯都是平房，后院的果树常招来各种野鸟，玻利瓦尔家姐弟几人从中得到莫大乐趣。据解放者后来回忆，埃斯特万舅父送的礼物，通常是孩子们所不熟悉的动物，如松鼠、乌龟或小鹿。有时甚至送一头驴或者马，给玻利瓦尔和他的哥哥骑着玩。此外，在玻利瓦尔的童年生活中，还有一个使他终生难忘的人物，那就是他的黑人乳母伊波利塔。当时，有钱的白人家常常雇用黑人母亲为白人孩子喂奶，而且这些奶妈通常是奴隶身份。但玻利瓦尔跟乳母的关系却非同一般。1825年，玻利瓦尔在给姐姐安东尼娅的一封信曾这样说："给你转去一封我妈妈伊波利塔的来信，她要的东西都请你给她，要像照料你自己的母亲

一样照料她；她的乳汁滋养过我的生命，她就是我的母亲。"要知道，1825年的玻利瓦尔已经是南美解放运动大名鼎鼎的解放者，还那样关心一个黑人奶妈，足见他们之间的感情之深。据说，在玻利瓦尔父亲去世后、母亲去世前的6年中，黑人乳母伊波利塔在玻利瓦尔家中既当母亲，又当父亲，起着重要的作用。这种豪华的家境和奢侈的生活，在当时是不多的。

玻利瓦尔的父亲和母亲年龄相差很多。他们在1773年成婚时，胡安·玻利瓦尔已47岁，而孔塞普西翁才15岁。他们的子女除西蒙·玻利瓦尔外，还有玻利瓦尔的两个姐姐和一个哥哥，玛利亚·安东尼娅、胡安娜和胡安·维森特·玻利瓦尔。不要奇怪，玻利瓦尔的哥哥与他的父亲同姓同名，这在美洲国家司空

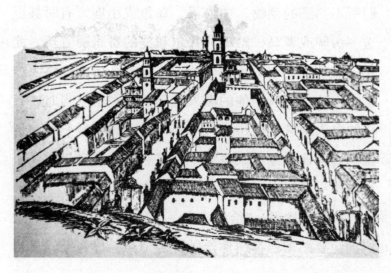

← 加拉加斯1812年素描

见惯。玻利瓦尔的母亲在他父亲去世后又生一个遗腹女，但出生当天就夭折了。

　　不幸的是，4个无忧无虑的孩子，不久就蒙受了突如其来的灾难。1786年1月，玻利瓦尔的父亲去世。当时，玻利瓦尔仅两岁半。1792年7月6日，母亲孔塞普西翁离开人间时玻利瓦尔也只有9岁。失去双亲的家庭气氛完全变了。外祖父利西亚诺·帕拉西奥斯—索霍接着负责抚育孩子。孩子们继续在那所祖传的房子里生活，只是晚上到外祖父家睡觉。更不幸的是，外祖父在第二年，即1793年12月也去世了。按照外祖父的遗嘱，西蒙·玻利瓦尔的监护人为埃斯特万舅父。但是，埃斯特万远在西班牙。所以，玻利瓦尔只好由埃斯特万的兄长卡洛斯代理监护。更糟糕的是，卡洛斯是个思想狭隘、性情粗暴的人。正因为如此，外祖

→ 在1792年9岁的玻利瓦尔

父才没有把玻利瓦尔交给他监护和扶养。但是，现在别无他法，而且卡洛斯也接受了对玻利瓦尔的监护任务。到1793年，那个美满幸福的家庭不复存在了，全家人各奔东西：父母双亡，两个姐姐结了婚，黑人女仆伊波利塔跟大姐去了，哥哥胡安由另外一个舅父监护。现在，玻利瓦尔孤苦伶仃，身边只有家奴和粗暴的舅父卡洛斯。而且卡洛斯尚未成婚，常去农村照看地产。玻利瓦尔和他在一起时，总是受他的欺压、蔑视，而当这位舅父去农村时，玻利瓦尔又无人照管。

这种境遇终于使玻利瓦尔无法忍受。1795年7月23日，即在他12岁的前一天，玻利瓦尔逃出卡洛斯的家，来到姐姐玛丽亚·安东尼娅的家里，要求姐姐收留自己。后来，卡洛斯从农村回来后，坚决不同意放弃代理监护玻利瓦尔的权力。于是，姐姐又和舅父两家为玻利瓦尔而开始打一场官司。当时，玻利瓦尔的态度非常坚决，说什么也不回舅父的家，他说，法官不能强制他住到他的监护人家里，法庭可以处置他的

玻利瓦尔石膏彩绘

财产，可以随时加以使用，但不能处置他的人身。如果奴隶尚有按其意愿选择主人的自由，那么至少也不能拒绝他有自由在自己乐意去的家里居住。一个12岁的孩子说出这样一番颇有道理的话，足见玻利瓦尔的天才。但是，孩子不懂，姐姐没有监护和扶养他的法律依据，而舅父卡洛斯是合法的代理监护人，他不回去是说不通的。结果，法庭裁决，玻利瓦尔跟卡洛斯回家。卡洛斯费了好大劲才把玻利瓦尔弄到家中，但是，9天以后，这孩子又跑了。但这次只跑走几个小时，是教会的主教把玻利瓦尔送回来的。主教还要求玻利瓦尔的老师西蒙·罗德里格斯不要责怪孩子。这一次，法院采取粗暴政策：12岁的孩子如果实在无人监护，只好采取下述两种办法之一：要么由法院的牢吏来监视，要么住进修道院。前一种办法等于住进监

→加拉加斯

狱，后一种办法等于让玻利瓦尔成为教会僧侣。出乎人们预料的事又发生了，就在这关键时刻，玻利瓦尔竟然表示，他愿意回到卡洛斯舅父的家里，法院马上表示认可。玻利瓦尔为什么

突然发生180度大转弯？原来，玻利瓦尔的老师罗德里格斯给他讲清了问题的利害关系。这不但说明玻利瓦尔从小就明白事理，而且说明，人在成长过程中良师益友的关键性作用。

可以肯定，老师的作用对玻利瓦尔的成长是决定性的。在15岁之前，玻利瓦尔曾有过6位老师。但对他影响最大、印象最深的就是那位西蒙·罗德里格斯先生。玻利瓦尔称这位先生是"万能老师"，因为，正是他，在人生的关键时刻给玻利瓦尔指点迷津。他帮助玻利瓦尔自立于社会，使他摆脱传统习俗并向将来的实际靠近，大力把他造就为一个富有创造性的人物，帮助他认识肩负责任之重大，并帮助他估计进行历史行动所需要的力量。

→西蒙·罗德里格斯

从12岁逃跑未成，又回到卡洛斯家，到16岁离开南美去西班牙，玻利瓦尔是在罗德里格斯言传身教之下度过3年多时光的。这几年的情况在玻利瓦尔的历史资料档案中很少记载，但关于玻利瓦尔和他的老师的关系，以及罗德里格斯先生的个人情况的介绍却有很多。当时，加拉加斯人都认为罗德里格斯很怪，脾气暴躁，思想偏激，人们很不理解他。其实，现在看来，罗德里格斯正是一个接受了新思想、新道德、新观念的人。当时正是18世纪末期，欧洲正出现一场巨大的社会变革，封建的时代正在逐步被资本主义所取代，荷兰、英国已经走上资本主义道路，法国正在经历一场资产阶级大革命。但是，西班牙古老的封建制度仍继续存在。作为西班牙的殖民地的南美洲，仍有许多人一味地追求学习欧洲的思想和制度，并不了解西班牙的落后。罗德里格斯是较早接受新思想的人，他曾大胆地说："欧洲是无知的，不是在文学、科学、艺术和工业上，而是在政治方面。漂亮的面纱掩盖着旧世界最可怕的贫穷和丑恶的面貌。"在一些守旧的人看来，罗德里格斯的社会改革见解是异乎寻常的。

罗德里格斯的突出特点，是他对教育事业的热爱，特别是那些穷苦人家的孩子。在他看来，这些穷孩子是未来社会的希望。他在给玻利瓦尔的一封信中说："人们看到我收容穷孩子，有些人以为我的意图是让孤儿们把我送进天堂……，另一些人以为我要败坏他们，让他们陪着我进地狱。唯有您才知道，建立共和国必须要有新人。"罗德里格斯有一套自己的独特的教育思想和方针，他认为："一个人是无法计算出自己的激情的，根本问题在于了解自己，而不是伪装自己。"他还指出："成功之路在于不断改进"，必须承认现实，才能超越现实，既要尊重事物不断变化的发展过程，又要主动安排自己的命运。罗德里格斯正是把南美解放和繁荣的希望寄托在孩子们身上，才那样热心地去教书。

我们在罗德里格斯身上花了不少笔墨，这是值得的。因为，正是罗德里格斯

←年轻的玻利瓦尔

思想中的那些闪光点，点燃了玻利瓦尔智慧的火花，照亮了他光辉的前程。玻利瓦尔对罗德里格斯老师总是十分恭顺，两人心灵相通。当玻利瓦尔还是一个内心痛苦，对前途几乎悲观失望的孩子时，罗德里格斯本着他丰富的教学经验挽救了他，使他成为一个热情有为的青年，最后取得了惊人的业绩。在玻利瓦尔因童心受到创伤而逃离了卡洛斯的家，而后又在罗德里格斯的说服下回到那个家的曲折道路上，没有罗德里格斯的陪伴和教育，真不知玻利瓦尔会成为一个什么样的人。在玻利瓦尔身处逆境的时候，正是老师在他的心灵深处唤起了对自由、对正义、对一切伟大和美好事物的向往。

从1794年11岁时起，玻利瓦尔就表现出要去西班

→西班牙马德里

牙的愿望。亲人们的相继去世、姐弟们的离别和卡洛斯的虐待，使玻利瓦尔十分想去西班牙，见那位长得很像妈妈的舅父埃斯特万。但是，埃斯特万出于好意，反对玻利瓦尔到西班牙来。因为，这一旅程路途遥远，横渡大西洋又相当危险。当时，西班牙正同法国打仗。再说，孩子到了一个新环境，对气候和风俗习惯会不适应。在西班牙，人们害怕从马德里北部瓜达拉马山吹到马德里的寒风，有人编了打油诗，说这寒风是"能刮死活人但吹不灭油灯的怪风"。可是，埃斯特万在1798年改变了主意，说可以把玻利瓦尔兄弟俩送到西班牙来。他之所以改变主意，一是因为孩子们现在

→墨西哥城

已经长大了；二是因为现在他有了一份好工作，生活富裕了，而几年前他手头拮据的时候，如果接孩子们来，有人会说舅父靠外甥们的钱活着。1799年，埃斯特万再次给卡洛斯写信，表示愿意接两个外甥到马德里来。最后，由于哥哥胡安·维森特不愿同去，玻利瓦尔只好由一个同乡陪同，前往西班牙。

1799年1月19日，玻利瓦尔踏上了开往西班牙的船。他们选择了最安全的船只和航线，在拉瓜伊拉（港口）乘上了"圣伊尔德丰索号"出发，2月2日抵达墨西哥的维拉克鲁特。这条船的下一个目标是古巴的哈瓦那。当时，墨西哥和古巴和南美玻利瓦尔家乡一样，是西班牙的殖民地。但是，由于当时英国人封锁，该船不得不在墨西哥的这个港口等待了一个半月。玻利瓦尔根本没有为这事而感到不愉快，他乘此机会去了墨西哥城，首次接触了一些上层官员。船只于3

月20日继续航行，经过哈瓦那时，封锁已经解除。玻利瓦尔又访问了这座城市。以后，船就直接驶往西班牙。5月31日，4个多月的海上航行结束，玻利瓦尔终于来到西班牙。

　　未满16岁的小西蒙（他的舅父们仍这样称呼玻利瓦尔）初次踏上西班牙国土时，还看不出是什么早熟的天才，也不是什么英雄的苗子。对于他将要进入的西班牙，他只是从人们夸大了的叙述中有一点了解，什么宫廷中的豪华场面和各种享乐，宫廷里的大人物、女人、学习、文艺演出，以及都市生活中的各种风险等等。而玻利瓦尔想的，却是唯恐在新环境中脱离别人或举止笨拙，所以他努力克服缺点，力图超过他人。西班牙首都豪华的建筑令玻利瓦尔惊讶不已，但对于人们向他介绍了的一切却故作无动于衷，或表示轻蔑，

←西班牙马德里宫殿

以便让人觉得他并不是傻乎乎的乡巴佬。他的舅父埃斯特万带领玻利瓦尔观看宫廷，介绍马德里的情况，并请老师教玻利瓦尔西班牙语和其他一些课程。据说，玻利瓦尔对这里的生活和学习很满意，也很听话、很用功。

但是，这种生活被一件突如其来的事打断了，不知什么原因，埃斯特万舅父突然被捕入狱，人们至今没有搞清这件事的背景。更显离奇的是，一方面，西班牙政府把埃斯特万关在监狱达一年半之久；另一方面，却让他继续领取政府官员的薪金。人们估计，由于埃斯特万在宫廷里工作，了解一些宫廷秘闻，这次入狱很可能与此有关。但不论如何，玻利瓦尔现在必须换一个地方住了，因为舅父家没人照料他了。

在西班牙生活的这段时间里，玻利瓦尔与一个姓乌斯塔里斯的贵族交往密切。所以，舅父被捕后，玻利瓦尔住到了乌斯塔里斯的家。如果

→玻利瓦尔

说，埃斯特万舅父给了玻利瓦尔更多的生活安慰和照顾，但却很少有政治教育，那么这一点恰恰在乌斯塔里斯家得到了补偿。乌斯塔里斯和蔼正直，具有君子气概和民主作风，使玻利瓦尔钦佩不已。

← 玻利瓦尔雕塑

更为重要的是，乌斯塔里斯的批判精神和经验、政治活动和行政工作中的丰富阅历，他那渊博的知识和天赋的才干，使玻利瓦尔感到，乌斯塔里斯是罗德里格斯之后的又一位好老师，甚至是前一位老师的补充。

就在玻利瓦尔想要关心政治、涉足社会的时候，他遇到了对一个青年人来说最具吸引力的情况：1800年9月，刚满17岁的玻利瓦尔爱上了一位美貌出众、品德贤淑的西班牙小姐，她叫特蕾莎·托罗。玻利瓦尔自己也未曾料到特蕾莎小姐改变了他的人生，解放者的政治前程竟是由这位西班牙小姐引来的。

南美土生白人的血统与性格

对于一个正直的和善良的人来说，没有比认识到他是在全心全意地为这一正义事业服务更使他感到满意的。

——爱因斯坦

玻利瓦尔之所以受到人们的赞扬和爱戴，是因为他领导了南美的民族解放运动，打碎了西班牙殖民统治的枷锁。但是，作为一个中国人，要想真正了解玻利瓦尔的伟大，知道那场民族解放运动的重要，必须首先了解当时南美的社会状况，包括种族关系、民族关系、不同皮肤颜色的人之间的关系，以及阶级关系等等。

在西班牙殖民者到来之前，玻利瓦尔的家乡南美洲早就有人生活和居

玻利瓦尔旧址入口处的顶部，可以看到共和国解放者的思想

←印加马丘比丘遗址全貌

住。那时，土著人处在原始社会末期，但已有奴隶出现。尽管这里明显比亚洲、欧洲和北部非洲落后，他们还是创造了自己的古老文化，人们称之为"印加文化"。"印加"，意为"太阳之子"。在15至16世纪早期。分布于厄瓜多尔、秘鲁、玻利维亚、智利北部及阿根廷的一部分，中心在秘鲁南部的库斯科地区。历史上的印加人原为居住在秘鲁南部高原的一个讲歧楚阿语的小部落。据传其最早的统治者曼科·卡帕克带领部落来到库斯科，后来逐渐扩展，占领整个库斯科河谷。15世纪印加人在帕查库提·印加·尤潘基及其子图帕克的领导下，建立起中央集权的奴隶制帝国，疆界北起南哥伦比亚，南至智利中部，南北长达4000公里，面积约90万平方公里。1530年，图帕克之孙瓦斯卡和阿塔瓦尔帕争位，阿塔瓦尔帕击败其兄，取得王位，但其国力已大大削弱。

　　1492年，哥伦布代表西班牙国王远航探险，去寻找传说中那黄金遍地的印度，但横渡大西洋之后，意外地发现了美洲这块新大陆，他误认为这就是印度，所以把当地的土著人称为"印第安人"，即印度人。直到现在，在中美洲加勒比海上的群岛仍叫西印度群岛。后来，随着欧洲人的殖民扩张，除了巴西被葡萄牙占领外，北美南部、中美洲、南美洲，都沦为西班牙的殖民地。由于西班牙语和葡萄牙语都属于拉丁语系，通常人们把这些殖民地称为"拉丁美洲"。

　　西班牙人的到来改变了南美原有的社会生活。土著印第安人虽经抵抗，最后还是屈服于欧洲侵略者。但是，在冲突中，印第安人大量被杀，劳动力明显减少。占领南美以后，为了取得劳动力，西班牙殖民者开始从非洲向美洲贩运黑人奴隶。这样，从16世纪以

→法国与印第安人的战争

←印第安人生活写照

来，在玻利瓦尔的家乡出现了欧洲来的白人、非洲来的黑人、当地印第安人（肤色为黄色）杂居、通婚、共同生活的局面。由于通婚，又出现了各种各样的混血人，其中，印欧混血人称墨斯提佐人，黑白混血人称穆拉特人，印黑混血人称桑保人。此外，还有一些多重混血人。

这样，不论从种族成分看，还是从皮肤颜色看，南美人都有很大差别。更为严重的是，这些不同种族、不同肤色的人的社会地位有着极大的差别。其中，从欧洲西班牙本土来到南美的人称"半岛人"（因西班牙在比利牛斯半岛），他们的社会地位最高，占据所有高级官职。当时，这些西班牙人到美洲来，很少有人带家属，他们的配偶往往是印第安人、黑人或混血人。

→玻利瓦尔雕像

他们的后代通常也是白人。但由于这些白人是南美土生土长的，历史上称他们为土生白人。后来，有些西班牙人携带家眷到南美来，在这里生的孩子也是土生白人。玻利瓦尔就是其中之一。半岛人瞧不起土生白人，更看不起混血人、印第安人和黑人，种族和肤色矛盾越来越严重了。在这些矛盾中，半岛人和土生白人的矛盾更为突出一些。

为了加强殖民统治，西班牙殖民当局在南美建立了几个总督区分别管理。玻利瓦尔的家乡，委内瑞拉的加拉加斯，原属圣菲总督区。后来才形成一个以加拉加斯为中心的独立地区。1739年，一家名叫吉普斯夸的公司在这一带很有势力，逐步把这里统一和融合在一起。西班牙国王在1742年批准吉普斯夸公司对这一地区的管辖权，该公司的活动范围就成了后来委内瑞拉的领域。从1776年到1786年，在吉普斯夸公司管辖的委内瑞拉，建立了政府、法庭、经济开发机构、军政长官公署、都督府、司法机关检审庭、教会等机构。玻利瓦尔出生在1783年，恰好在这实现统一的10年之中。在他少年时代，他们那一代人已经开始把自己称为"委内瑞拉人"了。

18世纪后半期，在委内瑞拉这样的地方，政府虽然有一定独立性，但西班牙王室和殖民统治当局顽固地坚持维护旧制度。这种旧制度在政治上的特点是，把居民分成不同等级，形成一个明显的社会金字塔，塔尖上是西班牙特权分子，其次是土生白人，然后是数量众多的平民，最后是广大的印第安人、黑人奴隶。这种政治上的不平等，又导致人们在教育、权力和财产等方面的巨大差别，贫富差距十分明显。除了少数占据高官的西班牙人外，南美各阶层的人们普遍对殖民统治不满。而且，几百年来的杂居、通婚、融合，使南美各种族、各种肤色的人们开始形成一种新的统一的文化，这种文化

←委内瑞拉 联邦国会大厦

→玻利瓦尔

的根本特征，就是要求摆脱西班牙的专制主义殖民统治，而取得南美人民的民族独立。

南美各种族、各肤色、各阶层人民反对西班牙殖民统治的斗争从未间断。早在1501年，拉埃斯帕尼奥拉发生了黑人奴隶起义；1519年和1533年，圣多明各发生印第安人多次起义；1536年，秘鲁约10万印第安人起义。进入17世纪，各地的起义更加频繁，而且走向联合斗争的趋势。到了18世纪，反抗活动更加成熟，除了经济斗争和社会斗争外，已开始有了政治上的考虑。

在南美人民反对西班牙殖民统治的斗争中，土生白人起着一种领导的、核心的作用。这里有3个重要原因：一是土生白人通常担任地方中小官吏，在当地有较高威信，有一定号召力，因而他们往往成为起义的领导者；二是土生白人通常都受过较好的教育，去过西班牙，见过世面，接受了新思想，这些人更懂得

独立的意义，玻利瓦尔就是其中最典型的一个；三是
土生白人的佼佼者通常都从军入伍，因为只有这条路
才能奔上更好的前程。当时，西班牙在南美殖民地很
少有正规军。为了维持社会治安，打击海盗骚扰或零
星的外来侵略，殖民当局组织土生白人成立一种民兵
性质的军队，称"白人民卫部队"。玻利瓦尔的父亲就
是白人民卫营的上校。这些军人的使命是维护殖民制
度的存在，但却成为推翻殖民制度的中坚力量。

　　土生白人的反抗斗争有多种形式。1721年，巴拉
圭曾发生一次白人起义，并建立了自己的政府，坚持
了10年之久。在玻利瓦尔的家乡委内瑞拉，土生白人
的反抗斗争，则以反对吉普斯夸公司的地方政府统治

← 委内瑞拉加拉加斯英雄纪念碑

为核心，坚持了50年之久。当时，吉普斯夸公司作为殖民当局的代言人，垄断商业，欺压百姓，引起各界人民的普遍不满。从18世纪30年代起，委内瑞拉的暴动和起义就不断发生。特别是1744年在托库约发生的暴动，出现了"祖国"这个概念。人们提出了"保卫祖国"的响亮口号，这实质是向殖民统治宣战。

在玻利瓦尔成为南美解放运动领导人之前，南美独立运动的最突出领导人是米兰达。米兰达和玻利瓦尔一样，也出生在加拉加斯的一个土生白人家庭，但他比玻利瓦尔大33岁。米兰达率领的浪漫和冒险的生活，一个理想主义者，他制定了一个有远见的计划。所以，在玻利瓦尔还是幼童的时候，米兰达已经成为闻名欧美的政治人物。他曾任西班牙驻古巴总督的副官，参加过美国独立战争，投身过1789年法国资产阶级大革命。最后，米兰达终于在19世纪初开始领导南美解放战争。玻利瓦尔作为一个年轻的军官，成为米兰达事业的成员。

→米兰达

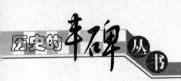

←西蒙玻利瓦尔，南美解放者

　　现在，我们应该回到玻利瓦尔的话题上来了。玻利瓦尔出生的年代正是南美人民反对西班牙殖民统治的斗争不断发展的时期。作为一个土生白人，玻利瓦尔从小受到的熏陶和教育，就是走上功名显赫、并同他身份相符的军人道路。所以，他的老师罗德里格斯坚决反对他成为神职人员，而鼓励他从军。1797年初，未满14岁的玻利瓦尔就作为士官生进入了阿拉瓜谷地的白人民卫营。1798年7月晋升为少尉。但是，按照当时法律的规定，土生白人的军官官衔，只能成为上校，再也不能提升了。玻利瓦尔的父亲和著名的米兰达都曾成为上校。这是不合理的待遇，因而在玻利瓦尔心中留下了最初的不满。由于家庭环境的优越，玻利瓦尔从小就学会了击剑、骑马，这对于他后来的戎

→平民时的玻利瓦尔

马生涯十分有利。

土生白人的血统和社会地位，铸造了玻利瓦尔特有的南美土生白人的性格。他脾气暴躁但喜欢读书。在玻利瓦尔的生活目标和指导原则中，自由和荣誉是他为之奋斗的伟大事业，这是他的土生白人前辈向他灌输的思想。但是，在玻利瓦尔看来，自由比荣誉更重要。因为，在西班牙人的殖民统治下，南美人民连民族主权和起码的人权自由都没有，何谈荣誉的存在呢？当然，在玻利瓦尔的著作中，他曾多次把自由和荣誉相提并论，因为他争取自由的思想和他的一切行动，自始至终受着荣誉感的推动，他那崇高的品德也与自由和荣誉这两个最高目标分不开。但是，如果要对两者进行抉择，他会毫不犹豫地选择自由。他曾经说过这样的反话："我最大的弱点就是酷爱自由，这种热爱甚至可以使我忘掉荣誉。我愿为了自由忍受一切。我宁可为理想捐躯，绝不充当暴君，即使被人认为是可疑分子也在所不惜。

我热切的心情，我最大的愿望，就是得到自由爱好者的称号。"对于自由，玻利瓦尔的解释是十分明确的，那就是自己的祖国取得独立。他曾明确指出："为了我父母信奉的上帝，为了我父母的在天之灵，为了我本人的荣誉，为了祖国，我在您面前起誓：不打碎西班牙当局压迫我们的锁链，我决不停止奋斗，也决不会感到安心。"正是这种立志为祖国的解放和自由而献身的精神，使玻利瓦尔成为伟大的、受人尊敬和爱戴的南美解放者。那么，什么是荣誉呢？玻利瓦尔也有明确的阐述。他曾指出："做一个伟大的人，做一个有用的人，这就是荣誉。"如果有人继续追问，那么，什么是伟大，什么是有用的人呢？玻利瓦尔回答说："标志着伟大人物的突出品德是：临危不惧，多谋制胜，热爱祖国，憎恨暴虐。"这就是玻利瓦尔的伟大观点。他

↑以玻利瓦尔的名字和形象制作的委内瑞拉玻利瓦尔硬币

→ 玻利瓦尔的纪念碑

把一个人的伟大同勇敢精神、伸张正义和爱国主义结合在一起，充分表现了南美土生白人特定社会地位所产生的思想。至于什么叫"有用"，玻利瓦尔则用事实加以回答。凡是为着良好崇高目的的工作，都不是低下的，都不能低估，都不能视为卑贱。玻利瓦尔不仅胸怀大志，高瞻远瞩，勾画着南美解放的壮丽美好的前景，而且注意一点一滴的小事。后来，在南美解放战争中，玻利瓦尔经常亲自安排打仗的细节，关心部队后勤给养等许多细小的事情，而从不认为这有损于他的崇高身份。由此可见玻利瓦尔的高风亮节。

但是，千万不要忘记，玻利瓦尔并不是穷苦百姓的救星，他为之奋斗的事业，也不是从被压迫阶级的解放这一角度出发的。因为玻利瓦尔毕竟出身豪门，他代表的是有产阶级的利益。土生白人的突出特点，就在于反对西班牙殖民统治，但他们并不反对剥削制度。然而，我们对任何人都不能求全责备。玻利瓦尔为民族解放而奋斗，是对历史的极大推动。

相关链接

XIANGGUAN LIANJIE

米兰达·弗朗西斯科德

出生于 1756 年 6 月 9 日，出生在加拉加斯，最终地 1816 年 7 月 14 日死于西班牙。他首先作为一个服务队少年入伍在西班牙军队。

然后他又在美国从事革命事业。他走遍了英国，土耳其，德国和俄罗斯。他曾在法国大革命，并取得重要的军衔。在 1793 年的战役，被囚禁在监狱里，但最终因被宣告无罪而释放。但最终在 1812 年被迫投降，并指控为叛徒。他事后落入西班牙当局手中，并于 1813 年遣送到加拉加斯，在那里他死于宗教裁判所中的地牢。

丧妻与人生的转折

> 一切真正伟大的人物，没有一个是因为爱情而发狂的人，因为伟大的事业抑制了这种软弱的感情。
>
> ——培 根

和很多人一样，玻利瓦尔的爱情和婚姻曾成为他人生旅途的重要转折。但是，玻利瓦尔却有一段不同寻常的爱情和婚姻经历。

→解放者

1780 年，17 岁的玻利瓦尔在西班牙时，爱上了一位名叫特蕾莎·托罗的小姐，并打算立即同她结婚。但是，特蕾莎的父亲虽然同意这门婚事，却不同意他们马上结婚。他认为这对年轻人还太年轻，合乎情理地要求玻利瓦尔将婚期推迟一段时

间，玻利瓦尔只得继续在西班牙学习。然而，正是此后这两年多的学习和生活，特别是玻利瓦尔此时期到欧洲其他国家的旅行，使这个南美土生白人思想发生深刻变化，一个有远大政治

← 玻利瓦尔

抱负的解放者，正是在这一时期基本定型的。

　　初恋时期，玻利瓦尔还有时间与好友乌斯塔里斯进行高深的交谈，享受着一种幸福的宁静，但这却被一个意外事件所打乱。1801年秋天，由于未婚妻一家去外地，玻利瓦尔感到心情不快。一天，他骑着马在马德里市内的一座建筑物前散步。这在当时是很常见的事。但是，突然有人拦住玻利瓦尔并搜他的身，借口说他违反了财政部的一个规定，那就是未经允许不得大量使用钻石首饰。但真正的原因是，西班牙王后知道，这位美洲青年与侍候王后的西班牙青年马略关系密切，而王后与这位侍从关系暧昧，她以为，玻利瓦尔要去揭露她的风流丑闻。玻利瓦尔对他所受的侮辱感到非常气愤，他拒绝搜身，并拔刀出鞘，威胁说，谁靠近他就惩罚谁。正巧有几位玻利瓦尔的朋友路过那里，他们进行调解，事情才算了结。此后，玻利瓦尔再也不愿意留在首都马德里，他决定前往毕尔巴鄂，去同未婚妻团聚。此时，西班牙王室也作出决定，禁止玻利瓦尔在1802年4月29日以前住在马德里。于是，玻利瓦尔前往法国旅行。

在巴黎，玻利瓦尔当时主要在考虑如何结婚和返回委内瑞拉的事情。所以，他在1802年3月30日回到西班牙，4月底得到了返回马德里的通行证，5月26日，终于举行了他渴望已久的婚礼。当时，玻利瓦尔未满19岁，而特蕾莎已年近20岁。新娘的家世也是贵族，证婚人是西班牙全国大财务官路易斯，他称新娘

→西班牙马德里

为"亲侄女"。而玻利瓦尔身边却一个近亲也没有,埃斯特万舅父还在狱中。这更使玻利瓦尔恨不得马上回到家乡委内瑞拉。

　　玻利瓦尔婚后立即返回委内瑞拉的想法,一方面来自他已经接受了父辈在那里留下来的家产,更重要的是,他的事业在南美,尽管那里比不上西班牙。可是,夫人的全家人都不希望玻利瓦尔离开西班牙。凭夫人一家在西班牙的能力和社会地位,玻利瓦尔可以在西班牙得到一份高层职位的工作,可以得到在殖民地南美所无法得到的荣耀和生活,也可以带着年轻的妻子去法国巴黎。但是,经过3年多的欧洲生活之后,玻利瓦尔开始感到自己对全世界有了新的认识,特别

→ 玻利瓦尔雕塑

是对美洲的实际重要性已有了更好地了解。结婚和回到委内瑞拉定居，已成为玻利瓦尔心中两件不可分割的事情。他要把特蕾莎带到自己的祖国去，因为委内瑞拉在召唤他，召唤他回去创造一个新世界。

年轻的丈夫心情焦急，特蕾莎理解丈夫的想法。于是，1802年8月底，新婚夫妻便回到了加拉加斯。

玻利瓦尔离开加拉加斯已经3年多了。走的时候，他还是个孩子，回来时年已20岁，并且结了婚。他同特蕾莎挑选了位于加拉加斯大广场东南角的一座房子住下来，这座房子位于拉斯格拉迪利亚的路角上。人们举办晚会，开设宴席招待这对新婚夫妇。人们更愿意听他们介绍西班牙王宫的情况，愿意和他们谈论具有世界影响的新人物拿破仑。玻利瓦尔则兴致勃勃地让妻子欣赏南美那奇妙的热带风光，以及从未见过的

景物。特蕾莎也能由此每天增长见识，并与丈夫一起
憧憬那美好的未来。然而，可恨的疾病却突然向特蕾
莎袭来。在当时的委内瑞拉，有一种热带地区流行的
黄热病。人一旦得了这种病，几乎无法医治。病人口
吐黑水，数天之内，甚至数小时之内就会死去。这种
病在欧洲人身上的发病率非常高。不幸的特蕾莎在委
内瑞拉只住了5个月就得了黄热病，1803年1月22日

←拿破仑

1803 年 1 月 22 日玻利瓦尔的妻子去世时的场景。

离开了人世，从得病到去世仅仅 5 天时间。

玻利瓦尔对特蕾莎的爱是纯洁的、单一的。自从他认识她以后，就没有理会别的女性对他的挑逗和轻浮的表示，而是全神贯注地爱着特蕾莎。不仅如此，特蕾莎死后，玻利瓦尔没有像有些人那样马上去另寻新欢，他再也不想同任何女人结成这种白头偕老的婚姻了。后来，他虽然也爱过一些女人，但没有同她们结婚。

特蕾莎的死打破了玻利瓦尔的全部计划。在这不幸事件之后，他本人到何处安身这成了使玻利瓦尔烦恼的问题。孤独地留在那本来准备发展成一个大家庭的祖传的房子里？还是为了减少烦闷，到哥哥或某个姐姐家里去临时寄居？玻利瓦尔排除了上述全部可能。他不甘受命运的摆布，决定再次前往欧洲，去填补因失去爱妻而形成的心中的空白。1803 年 12 月，玻利瓦尔抵达加的斯港，来到西班牙。

玻利瓦尔第二次欧洲之行与第一次有很大不同。

第一次去欧洲时，他年轻，没有受过足够的教育，而且很早就谈上了恋爱，因而他的精力几乎全部用来照管自己，以及考虑如何成家立业的事情。而现在，生活中的空白一下子使玻利瓦尔得到了某种解放。这一次玻利瓦尔又在欧洲住了3年多，从1804年到1807年，他住过西班牙、法国，也去过意大利。他参加了"大洋洲协会"这样的共和派组织，见过教皇庇护七世，并遇到了他童年时代的恩师罗德里格斯。他结识了新朋友，遇到了爱他的女人，出入法国巴黎那令人心情振奋的政治沙龙，无所顾忌地发表自己的政治见解。他在房中博览群书，阅读了许多世界名著，他与朋友高谈阔论，憧憬南美解放的未来。所有这些，构

←玻利瓦尔在安第斯山脉

成了玻利瓦尔在欧洲生活的生动写照，给他后来的人生旅途留下了不可磨灭的印记。但是，在玻利瓦尔第二次欧洲之行的3年多时间里，对他影响最大、印象最深的是当时欧洲的两个重要人物，一个是洪堡，一个是拿破仑。

洪堡是近代德国著名的自然科学家，自然地理学家，近代地质学、气候学、地磁学、生态学的创始人之一。从1799年至1804年，经西班牙政府批准，洪堡与法国植物学家邦普兰一道，对中南美洲进行了长达5年的考察。他们不仅考察了山川河流等自然环境状况，得到许多宝贵的资料和体会，而且了解了当地的居民生活、经济状况等社会问题。这使得这位自然科学家不仅掌握了南美自然地理的许多资料，而且使他深刻地了解了西班牙在南美殖民统治的实际状况，并对南美的未来产生了独到的看法。1804年，正当玻利瓦尔在法国巴黎旅行时，恰好遇到刚刚从美洲回到欧洲的洪堡先生。在一个朋友家中，玻利瓦尔和洪堡就

→洪堡

← 洪堡雕塑

美洲的前途问题交换了意见，玻利瓦尔向他提出了南美独立的问题。这位德国学者对玻利瓦尔说："我认为您的国家条件已经成熟，但我没有发现有能力完成这一事业的人。"对玻利瓦尔来说，这段话具有挑战意味。因为玻利瓦尔正是要充当那位有能力的人，而这位德国学者显然没有把玻利瓦尔看在眼里。因此，玻利瓦尔立志为南美解放事业献身的决心更加坚定了。

拿破仑是当时欧洲的风云人物。在法国18世纪大革命的岁月里，这位出身低微的炮兵上尉几经磨难，1799年通过"雾月政变"，夺取法国大权。然后，他同欧洲其他各国展开了一场震惊世界的厮杀。拿破仑横扫欧洲各国，封建王冠纷纷被他打落在地，法兰西第一帝国的铁蹄，踏遍了除去英国以外的全部欧洲。从某种意义上说，拿破仑是南美独立战争的助产婆。玻利瓦尔在欧洲曾两次见到拿破仑。一次是1804年12月2日，拿破仑在巴黎圣母院举行皇帝加冕仪式，玻利瓦尔在街头看见拿破仑受到热烈欢呼的场面，使这位南美人激动不已。法国皇帝的荣耀使玻利瓦尔想到了自己，想到了自己的祖国。后来他说："那时我对国家事务的兴趣日益增强，我关心政治，全神贯注于政局变幻的动向。1804年最后一个月，我在巴黎目睹拿破仑的加冕典礼。那次壮观的仪式使我振奋，但感动我的与其说是豪华的场面，还不如说是广大人民热爱这位法国英雄的情感。拿破仑的功勋和英勇业绩受到在场100多万人的欢呼。那种群情激昂的场面，由荣誉感激发起来的那种自由和自发的人民运动，使我这样一个

→拿破仑加冕时的场景

身受此种情绪感染的人认识到，这就是最高理想、最终愿望和最大雄心。在我看来，拿破仑头上戴着的皇冠只不过是一件哥特式的区区小物，而重要的倒是普天的欢庆，以及人们对他的景仰。我承认，这件事使

← 拿破仑加冕长袍

我想起我国的奴隶统治，也想到解放国家的人将会何等光荣。"玻利瓦尔另一次见到拿破仑是在1805年5月26日。当时，拿破仑占领意大利，并在米兰加冕为意大利国王。正在米兰的玻利瓦尔看了拿破仑的许多庆祝活动，其中，拿破仑在卡斯蒂利奥内附近的蒙泰恰罗平原举行检阅意大利军队的盛大典礼时，玻利瓦尔感慨地说："我的全部注意力集中在拿破仑身上。那里有一大群人，而我看到的只是他一个人。我的好奇心没有得到满足。可以肯定，当时我根本没有想到，将来某一天，我也会成为几乎整个美洲大陆都予以关注或感兴趣的对象。"通过玻利瓦尔这两次见到拿破仑后发出的感慨，我们不难看到，玻利瓦尔从拿破仑身上得到的，绝不仅仅是激动和好奇，而是勇气和力量。正是这些不平凡的经历，推动玻利瓦尔在政治道路上更加成熟、更加坚定地走下去。

　　1805年年底，玻利瓦尔从意大利回到法国巴黎。1806年1月，他在巴黎的一个共济会组织中从会员提升为司事。此时，玻利瓦尔已不能满足于在欧洲政治沙龙中高谈阔论，他再次感到故乡在召唤，他要回南美去实现那远大的抱负。尽管拿破仑正在同欧洲其他国家交战，陆上交通很困难，海上交通则更加危险，但这都不能动摇玻利瓦尔回委内瑞拉的决心。1806年10月，玻利瓦尔经荷兰到达德国汉堡，从那里乘一条美国船回美洲。1807年1月1日，他到达美国南卡罗来纳的查尔斯顿。玻利瓦尔在美国又住了半年。美国之行使玻利瓦尔又有新的收获。

　　当时，欧洲虽然正经历一场巨大的社会变动，资本主义制度正在兴起，但是，旧世界所遗留下来的残

→玻利瓦尔雕塑

余还随处可见，包括英名远扬的拿破仑，被称为资产阶级的一把利剑，但他登基成为皇帝这件事本身，就有封建制度的烙印。然而，玻利瓦尔在美国看到的却是另一番景象。在美国，总统不带卫兵，一个人骑马去办公室；人们通

过选举参与国家大事；所
有的人享受同等待遇等
等。玻利瓦尔后来说：
"我在美国作短期访问时，
生平第一次见到了合理的
自由。"尽管上述说法可
能有些夸张，但作为一个
南美殖民地的土生白人，

← 玻利瓦尔骑马画像

在居住欧洲几年之后来到美国，对美国制度的欣赏是
可想而知，可以理解的。

　　1807年6月，心中满怀壮志的玻利瓦尔回到加拉
加斯。从1804年再赴欧洲到1807年重归故里，玻利瓦
尔完全成熟了。这个23岁的青年人学会了思考，丰富
了思想，隆起的前额过早地有了皱纹。有人说这皱纹
是思想家的特征。但是，笔者却认为，玻利瓦尔额头
的皱纹不但记载着他成长的过程，而且留下了他对妻
子特蕾莎的永久纪念和回忆。在人生的旅途中，任何
人都可能遇到意想不到的打击与不幸。但是，有的人
在逆境中奋起，有的人在痛苦中沉沦，同样的遭遇会
结出不同的果实。玻利瓦尔20岁失去可爱的妻子。但
是，他没有因为生活的折磨而颓废。恰恰相反，丧妻
使玻利瓦尔走上了一条未曾设计的道路。后来，玻利

瓦尔在回忆往事的时候曾这样说："如果我没有丧妻，我的生活也许是另一模样。虽然我也认为我的天赋不只是可以当圣马特奥的村长（圣马特奥是玻利瓦尔家族乡村别墅所在的村子），但现在也许不是玻利瓦尔将军，不是解放者。……我妻子如果不死，我就不会第二次去欧洲。她的去世使我很早就投身于政治，使我去追随玛尔斯的战车（玛尔斯是罗马神话中的战争之神），而不是向往塞雷斯的耕犁（塞雷斯是罗马神话中的司农女神）。你们可以判断，这件事是否对我的命运起了作用。"是的，第二次欧洲之行使玻利瓦尔成为一个政治家，而第二次回乡则是这位政治家大显身手的开始。

哥伦比亚"国家的祭坛"，中间的站立者为玻利瓦尔，其他两位分别代表数字（左）和工作（右）。

相关链接
XIANGGUAN LIANJIE

拿破仑·波拿巴

　　拿破仑·波拿巴（1769—1821），原名拿破仑·布宛纳，人称奇迹创造者。拿破仑·波拿巴是法国近代资产阶级军事家、政治家、数学家。他有着卓越的军事指挥才能，虽然他的战争有侵略性的一面，激起被侵略国人民的反抗，但是也打击了欧洲封建势力，而其指挥的多个战役，直到今天在军事史上依然有重要意义。拿破仑是个当之无愧的资产阶级革命家，他捍卫了法国大革命的果实，击败了外来侵略者，埋葬了旧的专制政权，然而他同时镇压了继续前进的资产阶级革命，武装入侵欧洲诸国，建立了新的专制政权，是历史上最值得争议的人之一。

踏上争取祖国独立之路

没有热情，就不能完成世界上的伟业。
　　　　　　　　——黑格尔
人只有献身社会，才能找出那实际上
是短暂而有风险的生命的意义。
　　　　　　　　——爱因斯坦

1807年，重返委内瑞拉的玻利瓦尔虽然年仅24岁，但已经是一个著名人物了。他在瓜伊雷河畔的乡村住所，成为人们可以无所顾忌地议论政局和密谋的

→玻利瓦尔

中心。玻利瓦尔本人积极参加加拉加斯的各种社交活动和集会。有一次，在都督府举行的晚宴上，玻利瓦尔激动地站起来祝酒："为南美洲的独立干杯！"使参加宴会的人们目瞪口呆。玻利瓦尔和那些贵族子弟私下集会，准

备搞一个"土生白人委员会"或"代表大会",即最高执政委员会,甚至还谈论要成立一个"年轻人的党"。玻利瓦尔等人的这些活动明显是要颠覆政府,殖民统治当局感到,不能让这些密谋分子继续在委内瑞拉首府加拉加斯

←洛杉矶的玻利瓦尔广场

为所欲为了。但政府对这些贵族子弟又不能严厉制裁,因为他们中间许多还是西班牙军官,他们的亲戚在皇宫还有很高的地位。包括玻利瓦尔也是这样。所以,加拉加斯政府最后决定把玻利瓦尔等人赶出首都。玻利瓦尔被迫在郊区的别墅中过了两年。这两年,即1808至1809年,西班牙和委内瑞拉发生了翻天覆地的变化。

前文已经谈到,在19世纪初期,拿破仑的法兰西第一帝国在欧洲所向无敌,人们甚至称那个时代为"拿破仑时代"。但是,拿破仑的对外战争有横扫欧洲封建势力的一面,同时也有侵略别国的一面。因而,

斐迪南七世（1784—1833），西班牙国王，曾两次在位，分别是1808年3月至1808年5月，1813年至1833年。斐迪南七世为卡洛斯四世之子。

法国军队到处受到其他国家的抵抗。特别是英国，为了同法国争夺霸权，几次组织反法联盟，英法的严重对立，使欧洲其他国家无所适从。今天同拿破仑签订条约，共同对付英国，明天又与英国秘密往来，共同反对法国。当时的西班牙就是这样一个国家。1807年10月，拿破仑决定远征葡萄牙。从法国去葡萄牙，必经西班牙境内。于是，法国与西班牙签订条约，并答应事成之后把葡萄牙南部划给西班牙。但是，法国占领葡萄牙之后，不但只字不提划给西班牙土地问题，反而在1808年3月发兵西班牙，占领首都马德里。当时，西班牙国王是查理四世。国王参与法国占领葡萄牙又引狼入室，遭到国人的反对，他被迫把王位让给儿子

斐迪南七世。但拿破仑不希望这样。他把斐迪南七世
抓走，要求查理四世收回王权。查理四世不敢得罪拿
破仑，只好把王位奉给拿破仑，这才使拿破仑感到满
意。拿破仑把自己的哥哥约瑟夫调至西班牙任国王，
以代表自己控制这个新占领的国家。

视法国人为侵略者的西班牙人民，纷纷掀起各种
形式的反法斗争，民族运动的领导者们成立了与拿破
仑政权相对抗的西班牙人自己的政权，名叫"洪达"，
即执政委员会，并拥戴被囚禁在法国的斐迪南七世为
国王。

作为西班牙殖民地的委内瑞拉，对西班牙本土发
生的一切反应十分强烈。当人们得知拿破仑已经占领

← 委内瑞拉加拉加斯寺

大部分西班牙领土，各地人民都在同入侵者斗争，并成立了保卫斐迪南国王的委员会以后，先是拒绝了拿破仑哥哥约瑟夫派来的代表，这个代表是来要求殖民地效忠新政权的，然后，人们逼迫加拉加斯的军政长官卡萨斯成立一个本地自己的执政委员会。名义上，委内瑞拉的这个执政委员会是忠于斐迪南国王，保卫西班牙殖民地，但实质上是要谋求委内瑞拉独立。所以，忠于西班牙王室的殖民当局认为，这是一起图谋事件，皇家检审庭拘留了主要肇事者。但是，独立的图谋已经酝酿了很久，而且加拉加斯所有的名门望族都卷入了这场图谋。在压力之下，土生白人们又开始了新的密谋。1810年4月19日，加拉加斯终于发生事变，谋反者们解除了西班牙殖民当局军政长官的职务，并声称这是为了保护西班牙国王的权利，一切大权都由新成立的市议会包揽。

→玻利瓦尔

1810年4月19日事件无疑是委内瑞拉革命的开端。但是，这时的革命仅仅是土生白人的运动，并无广大下层群众参加。因而，在事变之后，新成立

的政府最高委员会并没有去解决社会问题，如土地和奴隶制问题，而是极力寻求别国的支持。新政府首先向附近几个省派去代表，请他们效仿加拉加斯，并支持加拉加斯的运

← 玻利瓦尔

动。同时，新政权决定派一个外交使团去英国，寻求英国的承认。这个最重要的任务落在了玻利瓦尔头上。

自从被逐出首都之后，玻利瓦尔一直住在阿拉瓜谷地的庄园里。但是，他并没有脱离土生白人的斗争。根据西班牙当局立案的材料看，玻利瓦尔是4月19日事件的主要谋划者之一。所以，玻利瓦尔的军衔从上尉升到少校，又从少校升到上校，并成为赴英使节团的成员。这个使团由3人组成，除玻利瓦尔外，还有门德斯和贝略。

1810年7月至10月，玻利瓦尔等3人在英国受到报界和贵族们不冷不热的欢迎，而寻求支持的目的显然没有达到。玻利瓦尔这时才感到，美洲各国人民只能按美洲自己的方式进行革命，而不能靠别人的恩赐。后来，玻利瓦尔得知，委内瑞拉派往美国的代表团也失败了，甚至连武器都没能买到，而率领那个代表团的胡安·维森特·玻利瓦尔，即西蒙·玻利瓦尔的哥哥，却在回国途中因船只遇难而牺牲。但是，玻利瓦尔的英国之行获得了一个意外的收获，那就是他在伦敦会见了委内瑞拉有名的革命先驱者米兰达，并鼓动这位老革命家回到阔别几乎40年的加拉加斯。

米兰达曾参加欧美许多政治运动和革命，受过伤，坐过牢，也得到过荣誉。但是，他最大的愿望是家乡南美的解放，所以，他多年来在英、法、美各国游说，

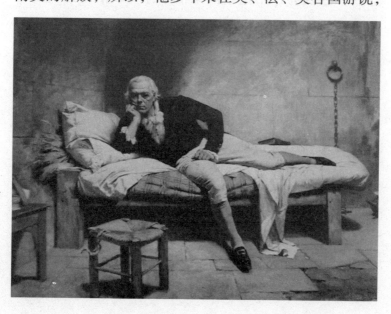

→牢房中的米兰达

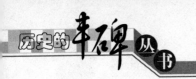

试图取得他们的支持，以使祖国独立。1806年，他曾在一个美国富商的支持下，率一艘名为"林德尔号"的军舰去解放委内瑞拉，但很快就被西班牙殖民当局打败。当时，正在欧洲的玻利瓦尔听说了米兰达的勇敢行动。但他对米兰达的远征没有表现出很热心。据说，这很可能与当时法国政局有关。因为法国政府和西班牙政府都对米兰达怀有敌意，玻利瓦尔怎么敢于公开赞成米兰达呢？然而，现在的情况不同了。玻利瓦尔是委内瑞拉新政府的代表，他们可以在伦敦无所不谈。玻利瓦尔和米兰达着重谈论了独立后的委内瑞拉政权问题，特别是新国家的政治体制和结构的问题。他们一致认为，不论新国家信奉什么政治，公共道德都是社会存在的基础。而公共道德又离不开教育，所以，他们认为，根本的问题是兴办大众教育。当然，眼下的当务之急是寻求英国对委内瑞拉的支持。但是，英国当时与西班牙一道进行反法战争，而且已经向西班牙许诺，不支持西属拉丁美洲的独立运动。在这种情况下，玻利瓦尔和米兰达在1810年12月分不同路线返回委内瑞拉，而另两位代表则留在英国。

加拉加斯新政府的领导人对米兰达毫无热情，因为西班牙政府曾悬赏要米兰达的脑袋，如果委内瑞拉公开欢迎米兰达并宣布起义，很可能马上招致西班牙

→ 正在办公的米兰达

和英国对委内瑞拉的封锁。这正是这些土生白人始终打着保卫西班牙国王旗号的原因。但是，玻利瓦尔没有理睬政府对米兰达回国的意见，毅然促使这位元老回到南美，并让他住在自己家里。

玻利瓦尔和米兰达回到加拉加斯以后，积极从事脱离西班牙的宣传鼓动工作。他们主张，不要再打着保卫西班牙国王的旗帜了，应该马上宣布委内瑞拉独立。他们利用加拉加斯的一个政治俱乐部性质的组织"爱国协会"，发表演说，给新政府施加压力。最后，1811年7月5日，委内瑞拉议会宣布国家独立，在加拉加斯升起了第一面委内瑞拉国旗，历史上称之为"委内瑞拉第一共和国"。同年12月，新国家又颁布了第一部宪法，新国家体制更加完善。但是，在第一共和国时期，玻利瓦尔只被委派担任军职，并没有在政府最高领导层任职，因为玻利瓦尔当时还没有那样显赫的地位。德高望重的米兰达也只是被任命为军队总司令，没有进入当时政府的最高权力机构——三人委员会。

从1811年7月至1812年7月，委内瑞拉第一共和国只存在了一年就夭折了。应该说，玻利瓦尔和米兰达为挽救第一共和国是尽了力的，但历史还是无情地吞噬了这个新政权。

按现在的观点看，第一共和国的失败是不可避免的。取得独立以后，土生白人掌握了委内瑞拉政权。以前，他们有经济实力和文化教养，但没有政权，只能做二等公民。而现在，他们在欢庆胜利之后所想的，只是如何巩固自己的地位，而把广大劳动群众忘在脑后。他们忘了这样一个真理：没有群众的事业

← 玻利瓦尔铜雕

是注定要失败的。当时，西班牙虽然还在拿破仑占领之下，但领导反法战争的西班牙政府还存在，这个政府已经宣布封锁委内瑞拉海岸。而在加拉加斯及其周围地区，西班牙保皇派的势力还很大，他们随时可以组织武装进行反扑。因此，第一共和国十分脆弱。1811年7月，保皇派在巴伦西亚城的叛乱曾给第一共和国带来很大麻烦，米兰达总司令亲自率军平乱。玻利瓦尔正是在那次战役中初露锋芒。然而，1812年3月26日，加拉加斯一带发生强烈地震，简直就是把奄奄一息的共和国送进了坟墓。

这次地震发生在下午4点零7分，毁坏了几乎半个国家。地震正好发生在爱国者控制的人口最稠密地区。加拉加斯、拉瓜伊拉、迈克蒂亚、梅里达和圣费利佩等城市完全遭到破坏，巴伦西亚、拉维多利亚、巴基西梅托等城市受到巨大损失。那天，恰好赶上是一个宗教节日，各教堂里都挤满了教徒，教堂倒塌所造成的人员伤亡数字十分惊人。在兵营和居民住宅

→解放者玻利瓦尔

← 玻利瓦尔纪念碑壁画

区，也有成千上万的士兵和百姓被埋在瓦砾堆下。地震给独立运动的城市带来巨大破坏，而离此不远西班牙人控制的城市却在地震中安然无恙。于是，这场奇特的天灾又引发了心怀叵测者的宣传，他们说，这是上帝对闹独立者的惩罚，呼吁人们表示忏悔并服从国王。尽管如此，争取祖国解放的人们并没有被吓倒。在一片沮丧的气氛中，玻利瓦尔登上圣哈辛托教堂的废墟，向不知所措的人们喊道："如果大自然作对，我们就同它斗争，一定要它服从我们。"这鼓舞人心的讲话极大地加深了人们对玻利瓦尔的印象。

地震发生后，殖民政府的保皇派军队很快向独立者占据的地方发起攻击，利用这大自然的力量弥补自己力量的不足。就在天灾人祸一俱袭来的情况下，巴洛文托发生黑人暴动，卡贝略港口的一个叛徒把要塞交给保皇派，而那里存放着共和派的几乎全部武器弹药，真可谓雪上加霜。第一共和国的那几个最高领导人之间本来就不和，现在依然互相对立、互相猜疑，造成了无法保卫共和国的局面。于是，他们决定把国家权力交给米兰达。1812年4月23日，政府授予米兰达非常权力，并任命他为最高统帅。但是，这已经太迟了。由于西班牙政府的诬蔑宣传和共和国领导人们对米兰达不信任，米兰达这位先驱者的威信在共和国并不高。尽管如此，这位老人还是尽职尽责，他极力想挽救摇摇欲坠的共和国，开始治理无政府状态，整顿军队。他派玻利瓦尔去就任重要的卡贝略港的军政长官，试图力挽狂澜。很多有关玻利瓦尔的书都说，米兰达不信任玻利瓦尔，不相信玻利瓦尔的军事才能。这在开始是可能的，但在共和国危急的时候，看得出

→米兰达画像

米兰达对玻利瓦尔的重用和信任。但是，玻利瓦尔有三头六臂也难以改变卡贝略港口的局面。尽管他是要塞司令，但市议会却与他对抗，甚至劝

玻利瓦尔投降。在极为艰苦的条件下，玻利瓦尔率军抵抗了7天，最后缺粮断水，玻利瓦尔身边只剩40人，他不得不放弃港口，乘船来到另一个城市拉瓜伊拉。他曾在1812年7月12日，即他逃到拉瓜伊拉后第六天，给米兰达写信，对于卡贝略港失守表示忏悔，但对自己的清白做了解释。

← 玻利瓦尔雕塑

米兰达得知卡贝略失守后，大叫道："委内瑞拉的心脏受了伤。"在这种形势下，继续抵抗已没有意义，只能使更多的爱国者受到伤害。为了保护那些爱国者士兵们的生命，米兰达决定与西班牙殖民当局谈判投降，条件是：所有人的生命财产都将受到保护；任何人不得因其信奉的主张而受逮捕和审判，不得没收其财产；给愿意离开国家的人和在3个月内要求出国的人发护照；释放双方战俘。1812年7月25日，投降书最后签字。委内瑞拉第一共和国就这样倒下了。

然而，保皇派们并没有按投降书上的协议去办。

战争停止不久，爱国者们纷纷被捕和遭到审判，有的甚至是在关押的地牢里窒息而死，还有的被饿死和渴死。在所有的不幸者当中，米兰达的遭遇是最不幸的。本来，米兰达签署投降书是为了减少战士们的生命损失，并不是软弱无能和背叛。他本打算借助临近委内瑞拉的另一个宣布独立的国家新格拉纳达（即哥伦比亚）的力量卷土重来。但是，投降书的签订不但没有得到其他爱国者的谅解，反而引起人们的愤怒和仇视，他们要抓他问罪。这些人中间也包括玻利瓦尔。最后，米兰达只得决定乘船到国外去避一避。1812 年 7 月 30 日晚上，当米兰达来到拉瓜伊拉，准备第二天登船出走。就在 31 日拂晓，一件不幸的事发生了。玻利瓦尔等爱国者带兵来到米兰达的住所，将米兰达逮捕。据当时在场的人回忆，玻利瓦尔怒气冲冲地勒令米兰达

↑米兰达画像

束手待俘，米兰达最初没弄清是怎么回事。当他一个一个地认出周围前来逮捕他的人以后，也没有准备反抗和责备，只是淡淡地说了这么一句话："胡闹，胡闹，这帮人就只会胡闹。"然后，就向门口等他的卫兵投降

了。从此，这位委
内瑞拉独立运动的
先驱者被关押在美
洲8个多月，吃尽了
苦头。最后又被押
解到西班牙。当时，
已恢复统治的斐迪
南七世国王十分反
动，他坚信，自由
和民主是"滋生"

← 米兰达雕塑

一切灾祸的"源泉"。作为追求自由和民主的人，米兰
达在这样的专制君主手中，肯定不会有好结果。他在
西班牙被关押了3年。当然，释放的可能根本不存在。
然而，米兰达的两位英国朋友决定帮助他，并制定了
一个周密的越狱计划。1816年3月25日，就在计划即
将开始实施前不久，米兰达突然身患中风，已无法逃
跑了。1816年7月14日，米兰达死在狱中。这是历史
的悲剧。有人对玻利瓦尔逮捕米兰达并使他落入西班
牙人之手难以理解，同时对玻利瓦尔本人能逃出西班
牙人的魔掌并逍遥法外莫名其妙，甚至提出怀疑。笔
者认为，不论如何，玻利瓦尔不是西班牙人的帮凶。
第一共和国失败之后，玻利瓦尔确实顺利地逃到新格

拉纳达，这里是又一个宣布独立的国家。据记载，由于玻利瓦尔的家世和亲戚在南美很有地位，在西班牙本土也很有势力，所以，独立战争暂时失败以后，有很多人替玻利瓦尔说情。当时在委内瑞拉的西班牙殖民当局头目蒙特维尔德给了玻利瓦尔出国护照，使他来到新格拉纳达，并很快参加了那里的军队。哪里需要，他就到哪里去战斗。后来，玻利瓦尔又借助新格拉纳达的力量，打回委内瑞拉，建立第二共和国。这些史实足以证明，玻利瓦尔即使在逮捕米兰达问题上失误，也无损于他南美解放者的光荣称号。

→玻利瓦尔纪念碑中的壁画

从第二共和国到第三共和国

由百折不挠的信念所支持的人的意志，
比那些似乎是无敌的物质力具有更大的威
力。

——爱因斯坦

委内瑞拉第一共和国被颠覆后，玻利瓦尔逃到新格拉纳达。他在这个也是刚刚宣布独立的国家，主要是总结了委内瑞拉失败的原因，同时也感受到，新格拉纳达虽然还保持着独立，但这种独立也是脆弱的，因它如同委内瑞拉一样，面临着内部极不团结，以及西班牙保皇军队进攻的危险。他认为，必须建立一支经验丰富、纪律严明、训练有素，能效命疆场，并以胜利和荣誉保卫自由的军队；各省不能再这样自己搞自己的独立了，而应该联合起来，建立统一领导。令人惊奇的是，在短短几个月之前，仅仅是驻守卡贝略港的一个卑微军官的玻利瓦尔，现在居然以一个老练政治家所具有的稳重态度，谈论起美洲大陆的问题了。与此同时，他还在短期内成了军事家。在新格拉纳达

→ 玻利瓦尔塑像

军队的几次战役中，玻利瓦尔表现出了杰出的指挥才能。不仅如此，自从那次大地震之后，玻利瓦尔就下决心要战胜大自然。在这里，他为实现自己的诺言，不断训练自己手下士兵们翻山和渡河的本领。所有这些说明，玻利瓦尔从失败中吸取了教训，得到了宝贵的经验，同时也为下一步自己宏伟目标的实现打下了基础。

但是，此时的玻利瓦尔不是委内瑞拉军官，而是新格拉纳达军官。所以，尽管他已经具备了打回委内瑞拉的条件，但他必须等待新格拉纳达政府的命令才能发兵。而新格拉纳达政府内部存在着严重的分歧。更严重的是，玻利瓦尔已经卷入了那些纠纷。新格拉纳达政府中有些人甚至指责玻利瓦尔对政府不忠，要求解除他的兵权。这种无谓的内耗使玻利瓦尔在进入委内瑞拉之前足足等了3个月。1813年5月7日，进攻的命令终于下达了，但又要求，只限于解放委内瑞拉的梅里达和特鲁希略两个边境省份，而不是全国。

　　玻利瓦尔早已心急如焚，顾不上考虑那些限制。接到命令后一星期，即5月14日，他的部队开始出发，4天后占领梅里达城；6月10日攻克特鲁希略。在不到一个月的时间里，玻利瓦尔已前进了几百公里，取得辉煌战绩。

　　在梅里达，玻利瓦尔第一次被人们称颂为"解放者"。在他一生所得到的种种荣誉中，"解放者"是他唯一引以为自豪的。只有"解放者"的重任和光荣，才使他原有的战斗性和坚韧不拔的精神得到进一步的

←玻利瓦尔第一次被称为解放者的战役画像

→ 玻利瓦尔骑马雕塑

发扬。

就在玻利瓦尔率领军队由西向东进入委内瑞拉的同时，另一支委内瑞拉爱国者的军队在一个名叫圣地亚哥·马里尼奥的上校领导下，从东向西也攻入委内瑞拉，并解放了东部的几个省。如果两支队伍同时进发，扩大战果，全国解放指日可待。但遗憾的是，玻利瓦尔在接到新格拉纳达政府的新命令之前，只能在特鲁希略待命。而东部马里尼奥的部队却也不急于向中部挺进。这种局面使玻利瓦尔十分着急。独立的使命和信念推动着玻利瓦尔，使他再也不能等待政府的新命令了。他决定继续进军。这样，6月底还在特鲁希略的玻利瓦尔，8月7日就胜利进入首都加拉加斯，人们把解放者的这次军事行动叫作"惊人的战役"。1813年10月14日，加拉加斯市议会代表委内瑞拉宣布玻利瓦尔为军队总司令，并授予他"解放者"的称号。委内瑞拉第二共和国的旗帜在加拉加斯上空飘扬。

现在，该是玻利瓦尔组织政府的时候了。但是，解放者知道，离彻底胜利还很遥远，敌人并没有被消

灭。因此，玻利瓦尔只在加拉加斯待了两星期，就重返沙场，投入消灭保皇军的战斗。从1813年秋到1814年秋这一年，对委内瑞拉来说是流血斗争的一年。不仅爱国者和保皇派之间的正规军在作战，而且全国各地出现了无数的游击队。这些游击队有属于独立的共和派的，也有属于亲西班牙的保皇派的。这些游击队各霸一方，形成很强的地方势力，结果给委内瑞拉乃至整个拉丁美洲留下了严重后患。这些带有军阀性质的军队在拉丁美洲独立运动期间纷纷在各国兴起，独立后，他们又开始互相争夺政权，形成了拉丁美洲独特的"考迪罗主义"，即军事独裁统治。关于这个问题，我们在下文中还将谈到。

短命的第二共和国只存在了一年。本来，委内瑞拉境内的混战已经使国家遭到极大破坏，广大人民群众的生活和生命财产受到严重威胁。特别是保皇派对爱国者实行残酷的"灭绝战"，玻利瓦尔也宣布对保皇军要以牙还牙，结果双方都杀人如麻，连战俘都

← 玻利瓦尔

不能幸免。加之各种各样的游击队的袭击，百姓们生活在烽火连天、朝不保夕的境况中，人们向往和平是可想而知的。

　　就在委内瑞拉境内打得不可开交的时候，1814年3月，拿破仑帝国垮台，西班牙国王斐迪南七世重登国王宝座。王室复辟的消息传到委内瑞拉，使保皇派军威大振，而那些渴望和平的人们并不那么向往玻利瓦尔的解放，因为他的解放并没有给贫苦百姓带来什么好处。相反，倒是西班牙国王斐迪南复位后发表的一系列对殖民地的新政策，使人们又有了忠于国王的意

→拿破仑

向。显然，形势对玻利瓦尔不利。保皇军加紧了攻势。1814年7月7日，一个阴雨、凄凉的早上，解放者和他的军队，率领着两万多愿意跟随解放者的男女老幼，离开首都加拉加斯，开始向东撤退。玻利瓦尔本想在那里可以重整旗鼓，再度辉煌。但是，这在当时是不可

能的，因为强大的敌人已经追了上来。1814年9月8日，玻利瓦尔被迫再次回到新格拉纳达，向政府报告了他失败的经过。新格拉纳达热烈欢迎了这位英勇不屈的解放者。议长卡米洛对玻利瓦尔说："将军，只要你的剑还在，你的祖国就没有消亡。你将用你的剑把祖国从压迫者的统治下解救出来。格拉纳达国民议会将保护你，因为它对你的行动感到满意。你曾是一位不幸的军人，但却是一位了不起的人。"

然而，现实是残酷的。1814年底，整个委内瑞拉都被保皇军占领。1815年春，复辟的西班牙王朝派著名的莫里略将军率1万多西班牙远征军到南美来，帮助保皇军恢复统治。这一年，新格拉纳达也重新落入西班牙的统治之下。现实再次教育了玻利瓦尔。他看到，在这场争取独立的民族战争中，不但英国人没有帮助南美爱国者，连刚刚独立不久的美国也没有伸出援助之手。这更使玻利瓦尔坚定了依靠自己力量夺取祖国独立的决心。1815年5月，玻利瓦尔放弃了去英

斐迪南七世雕塑

国求援的计划，毅然来到加勒比海上的一个岛国牙买加，准备有朝一日光复祖国。

玻利瓦尔在牙买加呆了 7 个月。这半年多的时间没有白过，玻利瓦尔对过去进行了认真总结，对拉丁美洲的未来进行了重新估价。玻利瓦尔的政治观点更加成熟了。1815 年 9 月 6 日，玻利瓦尔发表了著名的《牙买加的来信》，总结了拉丁美洲的历史，分析了殖民地被奴役的地位，指出了宏伟的独立运动的前途。更令人惊奇的是，这封信准确地预言了拉丁美洲几乎所有国家不远将来的前途：墨西哥可能建立这样或那样的君主政体；中美洲各共和国可能联合成为一个国家；新格拉纳达和委内瑞拉会建立一个共同的政府；秘鲁由于资源丰富和各社会阶级的贫富极度悬殊，而在重建共和国时将会遇到困难；阿根廷面临军人或寡头统治的危险；智利的居民品德高尚，地理上又自成一体，那里会建立稳定的、带有明显保守特点的自由主义政府。19 世纪后来一段时间的历史证明了玻利瓦尔这些预言的正确性。

←玻利瓦尔签名

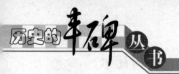

← 玻利瓦尔

在南美独立战争取得胜利之前，拉丁美洲独立运动中只有海地革命取得了胜利，1804年那里建立了拉美第一个黑人自己的政权。为了求得海地的帮助，1815年12月18日，玻利瓦尔乘船离开牙买加，12月31日来到海地首都太子港。在海地总统佩蒂翁的帮助下，玻利瓦尔把流亡到这里的委内瑞拉人团结在一起，制订了重新解放委内瑞拉的计划。因此，玻利瓦尔称佩蒂翁是"世上第一大恩人"。

1816年初，在海地的委内瑞拉人举行大会，宣布玻利瓦尔为最高统帅，让他担任委内瑞拉和新格拉纳达的军政首长。3月31日，玻利瓦尔率领远征军离开海地，向委内瑞拉进发。由于远征大会召开和远征军出发的地点是海地的列凯城，所以这次远征称"列凯远征"。这次远征只是把几条武装船只临时凑在一起，总兵员不足250人。玻利瓦尔占领了委内瑞拉海岸边的一个小岛，然后向大陆挺进，他决心去收复首都加拉加斯。但是，这一次玻利瓦尔失败了。1816年7月，玻利瓦尔不得不逃往东部，差点被马里尼奥发动的兵

→战场上的玻利瓦尔

变杀死，最后终于登上船只，逃往海地。海地总统佩蒂翁不愧是"委内瑞拉的恩人"，再次伸出友谊之手，使玻利瓦尔得以重新组织远征军，并在年底再次打回委内瑞拉。这次他改变了作战策略，不是首先去攻打加拉加斯等大城市，而是与当地游击队会合后，占领奥里诺科河流域农村地区，作为革命根据地。玻利瓦尔吸取了以往斗争中忽略广大下层群众利益的教训，宣布废除奴隶制，答应胜利后给参加独立战争的人分配土地。这些措施调动了下层群众的革命积极性，使大批印第安人、黑人和混血人踊跃参加革命军队。

1816年以后，国际形势也发生重大变化。英国、美国等资本主义国家出自本国利益，开始支持南美各国的独立战争。这是因为，人们已经看到，西班牙帝国在拉丁美洲的殖民统治随着帝国本身的衰落而衰落了，那里的独立已经不可避免。现在的问题是，拉美国家独立后，这些新国家将走向何方。美国和欧洲大国都想控制拉丁美洲，他们之间的一场争夺已经开始。

所以，欧美国家对南美各国独立战争的支援也很积极。

在大好形势推动下，玻利瓦尔的军队在委内瑞拉同敌人展开殊死搏斗。1818年10月，委内瑞拉在安戈斯图拉（今天的玻利瓦尔城）召开国民代表会议，宣布成立委内瑞拉第三共和国。1818年年底举行了国会选举，玻利瓦尔成为共和国总统。然后，摆在玻利瓦尔面前的艰巨任务，仍然是他几年前曾遇到过的问题，那就是国家体制问题。在第一共和国时期，委内瑞拉人追求西方民主和自由，把共和国建成一个没有权威、没有集权的三人委员会领导的国家。一些人甚至连正规军都不想保留。而且各省之间实行的是联邦制，这种联邦使各省之间联系松散，不利于统一管理。玻利

← 玻利瓦尔雕塑

→ 玻利瓦尔的纪念碑

瓦尔早就对这种松散的联邦制和软弱无力的多头执政机构不感兴趣。他认为，委内瑞拉不能走美国式的道路，因为国情不同。他指出，而且早在 1815 年 9 月 6 日的《牙买加的来信》中就曾指出，南美是一个旧式的大陆，南美人民在愚昧、暴政和恶习这三重桎梏下生活了几百年，没有知识，没有权力，也没有美德，因而，这种无知的民族会盲目地充当自我毁灭的工具，一些人的野心和阴谋，也会利用那些没有任何社会经验和知识的人们。他认为，人民之所以会走到这一步，完全是殖民制度造成的。玻利瓦尔对委内瑞拉乃至整个南美的未来，有一个美好的设想。遗憾的是，他的设想与委内瑞拉其他人的想法相差太远了。其他人不理解玻利瓦尔；没有其他人的支持，玻利瓦尔的设想也难以实现。这正是历史悲剧出现的原因。

神秘的瓜亚基尔会晤

纯粹完美的友谊仅是一种设想，是用
任何手段也无法达到的境界。

——康　德

在玻利瓦尔心中，早已勾画出这样一幅美好的蓝
图：作为解放者，他不但要解放委内瑞拉，而且要解
放哥伦比亚、秘鲁、厄瓜多尔以及整个南美洲，然后
建立一个包括整个南美的大国家。因此，在委内瑞拉
第三共和国建立之后，玻利瓦尔一面忙于从政治上和
行政上重建共和国，一面准备出兵新格拉纳达。几年
前，那里的独立政府曾帮助过玻利瓦尔，现在，玻利
瓦尔要去把那个友好的国家从西班牙手中夺回来。

1819年6月，玻利瓦尔开始向新格拉纳达东部进
军。他率领一支2000余人的队伍，穿过杳无人烟的原
始森林和沼泽地带，翻越险峻难行的安第斯山脉，经
过了两个多月的艰苦行军，进入新格拉纳达。当时正
是雨季，玻利瓦尔的部队在与敌人战斗的同时，还遭
受阴雨潮湿和其他自然灾难。斗争十分艰苦，但是，

解放者的决心和意志坚不可摧。1819年8月7日，玻利瓦尔的军队在波亚卡河战役中全歼了保皇军，1600多保皇军官兵，包括它的将军巴雷罗，全都成了解放军的俘虏。敌人的全部大炮、武器、旗帜和装备等，也都落入胜利者的手里。西班牙驻新格拉纳达的总督萨马诺得知这一消息后，匆忙从首都波哥大逃跑，因为波哥大就在波亚卡河对岸。8月10日，玻利瓦尔占领波哥大。11日发表的战报说："解放军已经完成了战役开始时提出的目标。从巴里纳斯省的曼特卡尔镇出发，经过75天的征战，总统阁下（指玻利瓦尔）克服了决定采取这次伟大的行动时所始料不及的艰难困苦，消灭了3倍于己的敌人，终于进入了新王国的首都。可以这样说，新格拉纳达的解放为全南美的解放提供了确实可靠的保证。"

→玻利瓦尔和爱国者队在1819年穿越安第斯山脉

占领波哥大以后，玻利瓦尔开始筹划向新格拉纳达的北部和南部扩大战果。在北部，他准备解放

新格拉纳达的大西洋沿岸地
区；在南部，他准备一直打
到智利首都利马，以期彻底
完成他心中的美洲解放事
业。

然而，委内瑞拉的情况
却让玻利瓦尔放心不下。因
为，玻利瓦尔虽然是第三共
和国总统，但总统已离开委内瑞拉好几个月。现在，
由于暴雨冲断了道路，战争又使通讯得不到保障，这
使玻利瓦尔总统很少得到委内瑞拉国内的消息。玻利
瓦尔尤其对政府中那些意见分歧的官员们可能闹出乱
子担忧。所以，他只在波哥大待了一个多月，1819年
9月20日，他又出发回委内瑞拉。当时，加拉加斯还
在西班牙人手里。

当然，回到委内瑞拉的玻利瓦尔，却又担心新格
拉纳达的局势发生变化。所以，他把自己的亲密战友
弗朗西斯科·保拉·桑坦德留在波哥大。桑坦德是新
格拉纳达年轻的将领，波亚卡河战役以后，他被授以
副总统职务，负责新格拉纳达的政府工作。玻利瓦尔
在离开波哥大之前发表了一个公告，向新格拉纳达人
民宣布："我没有离开你们，我为你们留下了另一个玻

← 玻利瓦尔在战斗中

利瓦尔，他就是桑坦德。"尽管玻利瓦尔和桑坦德之间存在一些分歧，但桑坦德确实是玻利瓦尔难得的助手之一。就在这次回委内瑞拉的途中，玻利瓦尔意外地遇到了24岁的苏克雷将军。这是一位才华出众但却很少野心的杰出将领，后来，他成为玻利瓦尔的得力助手。

1819年12月17日，玻利瓦尔解散了委内瑞拉共和国议会，成立了委内瑞拉、新格拉纳达和厄瓜多尔联合组成的"大哥伦比亚共和国"，玻利瓦尔为共和国总统，临时首都设在库库塔。但这不是玻利瓦尔的最终目标，而只是稳定后方的一个手段。因为他要解放全南美，他要继续同西班牙人战斗，他没有那么多精力既打仗又参与政府行政管理。

1820年，西班牙发生里埃哥领导的资产阶级革命，有一支派往拉丁美洲镇压独立运动的西班牙军队也参加了革命。这使得斐迪南国王处境艰难，他指示远在

南美的莫里略将军，与闹独立的起义者举行谈判，以求一个更好的结果。莫里略将军来到南美已经5年。这5年的风风雨雨使这位西班牙将军疲惫不堪。最初，他对起义者恨之入骨，所以打起仗来也信心十足。后来，南美独立运动风起云涌，此起彼伏，使西班牙殖民军难以镇压。而南美人民的英勇斗志和不屈精神，也使莫里略深受感动，以至于他开始怀疑西班牙恢复南美统治的可能性。这样，莫里略将军决定申请退役，准备回西班牙定居、结婚。

这种形势当然对玻利瓦尔有利。作战的双方态度也开始改变，双方好像都突然感到，带着仇恨的心情相互对立是不明智的。1820年11月25日，双方在特鲁希略城签订了停战6个月的协议，目的是为举行签订

← 玻利瓦尔在对西班牙的战斗

和约的谈判创造条件。这样，就等于西班牙承认大哥伦比亚共和国的合法存在，西班牙军官现在也只好把玻利瓦尔作为新国家的总统来看待了。所以，莫里略提出与玻利瓦尔会面，解放者很高兴地接受了建议。1820年11月27日，他们在桑塔纳镇举行会见。据记载，这次会见的气氛是坦率和诚恳的，双方多次互相拥抱，一次又一次情绪热烈、无拘无束地祝酒。几天以后，莫里略将军就离开南美回西班牙去了。但是，委内瑞拉的停火协议却被破坏了。至于是谁破坏的，在战争中历来都是难以澄清的，因为双方都想把责任推给对方。1821年4月28日，玻利瓦尔的军队与西班牙人重新开战。

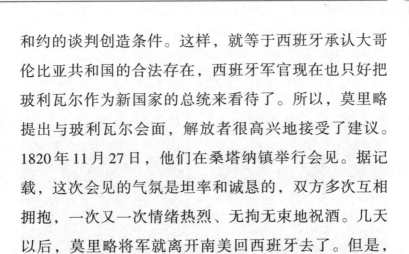

战争重新开始以后，玻利瓦尔派苏克雷率军去厄瓜多尔，他自己则率军前去解放加拉加斯。1821年6月24日，玻利瓦尔与西班牙军主力在卡拉博平原相遇，双方展开了一场大战。双方损失都很惨重，但是，玻利瓦尔取得了最后胜利。5天之后，解放者

→圣马丁

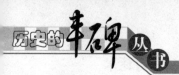

玻利瓦尔与圣马丁会晤

进入加拉加斯。到 1821 年年底，整个委内瑞拉和新格拉纳达都已获得解放。议会通过了大哥伦比亚共和国宪法，玻利瓦尔为总统，桑坦德为副总统，永久首都设在波哥大。与此同时，苏克雷已攻占厄瓜多尔的重要港口基尔，1822 年 5 月解放厄瓜多尔首府基多，6 月 16 日，玻利瓦尔来到基多，受到热烈欢迎。人们激情地赠给解放者一把象征权力的宝剑，玻利瓦尔立即把剑转赠给苏克雷，并说："这把剑理所当然地属于皮钦查战役的胜利者苏克雷将军"。1822 年 7 月 11 日，解放者玻利瓦尔到达瓜亚基尔，这是厄瓜多尔靠近哥伦比亚的一个重要城市。半个月以后，玻利瓦尔与南美解放运动的另一位大名鼎鼎的领导人圣马丁，在这里举

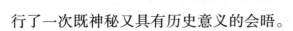
行了一次既神秘又具有历史意义的会晤。

现在，我们不得不首先介绍一下圣马丁的情况。在19世纪初期南美西班牙殖民地的解放运动中，一开始就形成两个中心，一个以北部委内瑞拉为中心，主要领导人是玻利瓦尔；另一个以南部的阿根廷为中心，主要领导人是圣马丁。圣马丁全名叫何塞·德·圣马丁，1778年2月25日生于阿根廷北部小镇亚佩乌的一个白人家庭。当时，阿根廷叫拉普拉塔总督区。圣马丁全家在1786年迁回西班牙定居。圣马丁青年时期就参军打仗，官衔少校。在1804年开始的反拿破仑战争中立过战功。1811年，圣马丁以健康原因为由退伍，去伦敦参加了一个秘密团体，这个团体的宗旨是要争取拉丁美洲的独立。1812年初，圣马丁回到布宜诺斯艾利斯，这是阿根廷首都。当时，阿根廷是唯一没有被西班牙推翻的独立政府。所以，圣马丁马上到处募捐，组织军队，准备去解放其他地方。1814年，西班牙皇室复辟以后，阿根廷政府决定在西班牙援军到来之前，消灭在南美的保皇势力。所以，政府派圣马丁训练军队，准备翻越安第斯山脉，解放智利，然后继续向北挺进。1817年2月，圣马丁解放智利首都圣地亚哥（不要忘记，玻利瓦尔的目标也是圣地亚哥）。1818年2月12日，智利宣布独立。然后，圣马丁决定远征秘鲁。1820年8月20日，圣马丁率军在秘鲁南部登陆。1821年7月20日，圣马丁进入秘鲁首都利马。7月28日，秘鲁宣告独立，并选举圣马丁为"秘鲁护国公"。当时，秘鲁是包括现在玻利维亚在内的大地区，被称为上秘鲁的玻利维亚还在西班牙人手中。恰在同时，玻利瓦尔的军队已经解放厄瓜多尔，并正在向秘鲁挺进。这样，南北两支起义军在秘鲁会合，两个从未见过面的领袖，圣马丁和玻利瓦尔，也开始了一次历史性的会晤。

玻利瓦尔和圣马丁的会晤是1822年7月26至27日在瓜亚基尔进行的。按照一些材料的介绍，玻利瓦尔之所以要与圣马丁会晤，是因为两人之间存在矛盾。其实，读者从本书前面的介绍中已经了解到，南北两支起义军都进入秘鲁，已经说明双方互不相让的背景。恰在此时，

← 玻利瓦尔与圣马丁握手的雕塑

→圣马丁

瓜亚基尔发生这样一件事：玻利瓦尔是先进入瓜亚基尔的，他马上宣布瓜亚基尔归大哥伦比亚管辖。但是，在历史上，瓜亚基尔曾归秘鲁总督区管辖，瓜亚基尔政府委员会认为，瓜亚基尔应该归秘鲁的护国公圣马丁领导。而且，秘鲁政府也宣称对瓜亚基尔拥有主权。在这种形势下，已经不是瓜亚基尔归玻利瓦尔还是圣马丁的问题，而是这两支起义军能不能继续合作的问题，甚至能不能发生相互敌对和残杀的问题。因此，瓜亚基尔的会晤是历史性的。

据说，1822年7月26日圣马丁来到瓜亚基尔以后，受到玻利瓦尔的欢迎。但是，瓜亚基尔人对圣马丁的无比热情，使玻利瓦尔心情不快。在两位领导人互相作了礼节上的拜访之后，立即开始了著名的会谈。会谈是在秘密状态中进行的，而且只有玻利瓦尔和圣马丁两个人参加，没有第三者在场。会谈结果没有文字记录，也没有发表公告。会谈之后，圣马丁率领他的人马回到秘鲁。然后又回到阿根廷。不久，圣马丁就带着他的女儿离开阿根廷回到欧洲，从此告别政界，在巴黎郊区一所简朴的别墅里度过了他的余生，直到1850年逝世，终年72岁。这一结果给瓜亚基尔会晤蒙上了一层神秘的色彩。玻利瓦尔和圣马丁谈了一些什么？为什么圣马丁隐退？学术界对此一直在猜测。留下来可供考证的文字材料有4份：一份是圣马丁手下的一位名叫鲁菲诺·吉多的军官的笔记，这个笔记已由阿根廷官方出版。另外3份是委内瑞拉人保留下来的：一个是玻利瓦尔1822年7月29日写给桑坦德的信，还有两个是玻利瓦尔的秘书佩雷斯签署的关于这次会谈的正式报告，一份交给大哥伦比亚政府，另一份交给当时任基多省行政长官的苏克雷将军。

← 圣马丁在阵前

→圣马丁雕塑

根据阿根廷公布的吉多将军的笔记，圣马丁在瓜亚基尔受到热烈欢迎时，玻利瓦尔显得很不高兴。会谈开始时，副官们都退了出来。会谈共进行了一个半小时。第二天下午，两位领导人又在一起密谈，直到晚上5点。然后，双方参加一个盛大的晚宴。在晚宴上，玻利瓦尔首先祝酒，他说："为南美洲的两位最伟大的人物圣马丁将军和我本人干杯！"圣马丁在祝酒时说："为了战争早日结束，为了美洲大陆各个共和国的建立，为了解放者的健康干杯！"清晨一点，圣马丁一行人上船，离开瓜亚基尔。在船的甲板上，圣马丁对吉多说："解放者西蒙·玻利瓦尔比我们抢先了一步，你有什么看法？但是我相信他不能把瓜亚基尔保持在他手里并把它并入哥伦比亚，因为大批的人民要求与秘鲁合并。他愿意也罢，不愿意也罢，等到我们收拾掉还在山区里的西班牙大兵之后，瓜亚基尔总是要并入秘鲁的。你看见那里的人民多么高兴和热情欢呼秘鲁和我个人。"但是后来，秘鲁发生了反对现政府的暴动，这使护国公圣马丁十分悲哀。不久，圣马丁看到秘鲁保不住了，连他自己指挥的军队也靠不住了。于是，他决心把他的位置让给另一个比他更幸运的人。从这些说法看，圣马丁最初还有与玻利瓦尔一争高低的想法，后来由于形势所迫，才离开政界。

根据玻利瓦尔的信和他秘书的两份报告，两位南美解放运动领导人并没有对南美大陆问题做过任何深刻的讨论，双方只不过进行了友好的交谈。圣马丁向玻利瓦尔表示了他对哥伦比亚共和国的永恒友谊，并表示不干预瓜亚基尔的事务。而且，圣马丁还对下一步的战争提出了好的建议。总之，他希望一切都在联合的旗帜下进行。因为他认识到，没有联合，就没有和平与安定。玻利瓦尔认为，圣马丁无意当国王，但也不想实行民主，他希望有一位欧洲的亲王来治理秘鲁。他说他要隐退，因为他太疲倦。从这些说法看，圣马丁在瓜亚基尔就已经决心隐退，而不想看到两支起

← 圣马丁雕塑

义军之间大动干戈。

后来，又有一些类似圣马丁的信件等对瓜亚基尔会晤进行解释。但那似乎带有一些政治色彩。读者从前文可能已经发现，委内瑞拉和阿根廷在对玻利瓦尔和圣马丁的历史评价上，是存在分歧的。但我们感到，在事关南美解放事业的问题上，圣马丁表现得头脑清醒，老成持重，急流勇退，不愧为伟大的政治家；玻利瓦尔开诚布公，面对现实，英勇无畏，继续为南美解放献身，不失为伟大的南美解放者。在拉丁美洲，他的声音是一个消息，一个学习和革命创新的例子，而世界其他地区，其理论和思想，是一个革命的模式，是援助受威胁的人民，解放奴隶制帝国。

在1823至1824年时，玻利瓦尔率领爱国者军队，包括圣马丁带来的军队，在秘鲁转战。1825年5月16日，上秘鲁宣布独立。为纪念玻利瓦尔的功绩，取国名玻利维亚，苏克雷当选为玻利维亚总统。1826年，玻利瓦尔当选为秘鲁的终身总统。

然而，打遍南美北部的玻利瓦尔虽然获得了那么多荣誉，成为好几个国家的总统，等待他的却是更大的考验。他的身体很不好，而且每况愈下；他所解放的那些国家的领导人及政客们和他的政治观点有很大分歧。在西班牙大军面前没有倒下的玻利瓦尔，现在却难以承受这些内部的危机。

← 纪念碑中的玻利瓦尔

弗朗西斯科·德保拉·桑坦德尔

弗朗西斯科·德保拉·桑坦德尔（1792—1840）是哥伦比亚独立运动领袖，新格拉纳达共和国 1832 至 1837 年间的总统。桑坦德尔生于库库塔的罗萨里奥镇一个土生白人地主家庭。1810 年参加起义军，1815 年任奥卡尼亚部队总司令和新格拉纳达军总参谋长。1818 年晋陆少将，成为西蒙·玻利瓦尔的得力副手。1819 年 8 月 7 日在博亚卡战役中表现突出，晋陆为中将。1819 年 12 月哥伦比亚共和国（822 年改称大哥伦比亚共和国）成立，他被任命为副总统。1828 年桑坦德尔被指控参与谋害玻利瓦尔，被判死刑，后改判流放，先后流亡欧洲和美国。1830 年大哥伦比亚共和国瓦解，1832 年桑坦德尔被选为新格拉纳达共和国总统，1837 年任期满后为参议员。

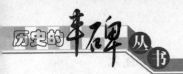

何塞·德·圣马丁

何塞·德·圣马丁，1778年2月25日生于西班牙殖民地拉普拉塔的亚佩尤。在西班牙参加过反对拿破仑占领军的战争，他不但有丰富的军事指挥经验，而且有远大的理想。1810年拉普拉塔发生"五月革命"，开始了独立战争。1812年初，圣马丁返回祖国投身革命。1813年底，他被任命为北方军司令，击退了殖民军的反扑，保卫了独立成果。为了消灭秘鲁总督区的殖民军主力，保证拉普拉塔乃至南美洲整个地区的独立运动取得胜利，圣马丁主张穿越安第斯山，首先解放智利，然后联合智利爱国军从海路去解放秘鲁。为此，他辞去北方军司令职务，于1814年任库约省省长，以门多萨城为练兵基地，两年多的时间，精心训练一支约有5000人的"安第斯军"。他采取解放黑奴、与印第安人结成同盟等措施以发动广大群众。在这支军队里，被解放的黑奴占很大比例。1817年1月，圣马丁和奥希金斯率安第斯军翻越安第斯山。向智利进军。1817年2月14日解放圣地亚哥。1818年2月12日智利宣告独立。同年4月5日，在迈普战役中击败西班牙殖民军，巩固了智利的独立。1820年圣马丁以智利为基础，组成了一支约4500人的"解放秘鲁军"，包括一支拥有24艘舰船的智利海军，圣马丁任舰队总司令。8月，圣马丁率军从海上进军秘鲁，9月7日夜在皮斯科登陆，后又移师瓦乔，直指利马。1821年7月6日，西班牙总督率殖民军逃往东部山区，圣马丁解放利马。28日秘鲁宣告独立，圣马丁被推举为秘鲁"护国公"。1822年7月26—27日，圣马丁与玻利瓦尔在瓜亚基尔会见，并进行两次秘密会谈，共商重大的军政问题，因意见分歧，会后返回秘鲁。9月22日他辞去秘鲁护国公之职，悄然引退。1824年4月20日到达法国隐居。1850年8月17日逝世，终年72岁。

解放者的政治抱负

> 一个能思想的人，才真是一个力量无
> 边的人。
>
> ——巴尔扎克

1826年，当南美解放战争取得最后胜利，西班牙300年殖民统治被最后推翻的时候，人们关心的已不是谁解放了他们，他们的兴奋点已经转移了，那就是如何安排那些刚刚独立的美洲国家的未来。这可能是酿成解放者玻利瓦尔悲剧的根本原因。但是，热心的读者必然要问：是什么力量推动玻利瓦尔几十年浴血沙场，为南美解放而献身？他那宏伟、美好的蓝图为什么会与其他南美人的想法不一致？在描述玻利瓦尔晚年不幸的故事之前，还是让我们先来回答这两个至关重要的问题。

作为一个伟大的政治家，如同其他政治家一样，玻利瓦尔有他自己的思想，而且这些思想已经形成了体系，它涉及政治、经济、法律、教育、宗教、国家制度、对外关系等许多方面。

→玻利瓦尔站立雕塑

从政治角度看，自近代以来，人们追求的国家制度主要包括两个方面：一是主权；二是民主。玻利瓦尔的国家政治思想也主要体现在这两个问题上。对拉丁美洲人民来说，独立之前的300年是在西班牙的殖民统治之下，因而毫无主权可言。所以，可以认为，早在殖民主义建立之后，第一次拉美人民反殖斗争就已经包含了争取民族独立和主权的思想。特别是到了18世纪以后，许多人都在为推翻殖民主义，争取民族独立而斗争，玻利瓦尔是无数民族战士之一。但是，像玻利瓦尔这样为民族独立而呕心沥血、奉献终生者，并不多见。

对于一个没有受到外来侵略的国家的人民来说，主权则意味着人民在国家政治中的权利和地位。也就是国家制度问题的另一个侧面，民主的问题。由于意识形态的不同，世界各国对民主的解释也存在很大差别。对19世纪时的玻利瓦尔及拉丁美洲人民来说，民

主无非体现在两个方面：一是人民在国家政治生活中的权利和地位，这种权利和地位集中表现在人民是否参与国家管理的问题，主要体现在选举权问题上；二是国家政治体制问题，即通常所说的是中央集权还是地方分权。玻利瓦尔是民主主义者，他是拥护人民主权的。早在青年时代去欧洲学习和生活过程中，玻利瓦尔就接受了法国著名启蒙思想家卢梭的人民主权思想。所以，玻利瓦尔不止一次地谈到，主权就是要使"公民普遍有权"，民主制度就在于听从多数人的意志。因而，建立起令人民满意的投票、选举制度，从而推选那些人民拥护的人充当国家领导者，是玻利瓦尔为之奋斗的事业。但是，随之而来的另一个问题是：什

← 玻利瓦尔纪念碑

→ 玻利瓦尔马术肖像

么是人民呢？应该说，在当时的美洲，除去西班牙殖民者外，当地的居民，包括各个种族、各种肤色、各个阶级的人们，都属于人民范畴。从玻利瓦尔在独立运动中就曾宣布解放黑人奴隶，废除奴隶制度，并与印第安人和其他人种的游击队互相配合这一点来看，玻利瓦尔是反种族主义和奴隶制度的，玻利瓦尔本人也多次谈到追求平等。但是，必须看到，在当时南美独立运动中，土生白人始终是领导者，他们中的多数人并不想与其他种族，特别是黑人，处于同等地位。而且他们是有产阶级的代言人，从来没有代表广大劳苦大众的利益。玻利瓦尔也不可能建立起一个劳动人民自己的国家。

在国家政治体制问题上，即是中央集权好，还是分权好，玻利瓦尔与其他土生白人领导者的看法完全不同。当时，拉美土生白人十分崇拜美国式的三权分立制度，他们担心中央集权会产生独裁。所以，在委内瑞拉第一共和国时期，他们就搞了三人组成的执政委员会。玻利瓦尔却旗帜鲜明地主张中央集权。他认

为，南美的实际情况使得分权制在这里行不通，因为南美文化落后，人民愚昧，分权只能造成社会混乱。他曾指出："具有强有力的中央政府的国家才是值得尊敬的强盛国家……从未有过用分散权力的办法建立政府，并使之长期维持的事情，但却有集中权力使国家受人尊重的例子。我解放了委内瑞拉，恰恰就是为了实现这一制度。"玻利瓦尔与独立运动其他领导人的分歧集中表现在这个问题上。是集权还是分权的问题，成为酿成玻利瓦尔悲剧性人生结局的主要原因之一。

从经济角度看，自有阶级社会以来，社会问题的核心始终是财富分配问题，即人们通常所说的贫富分化问题。在殖民地时代，西班牙殖民者虽霸占大量拉美地产和财富，但土生白人一直是最富有的阶级。这

←神化的解放者

→ 玻利瓦尔『解放者』

些人要求独立并不是要求经济上的平等，而是追求政治权力。在玻利瓦尔时代的南美，财富的象征是土地。因而，土地制度成为当时经济政策的核心问题。1817 年 9 月，玻利瓦尔曾颁布两个土地法令，一个是，没收逃亡的西班牙人或追随西班牙的人的地产，归国家所有；另一个是，向委内瑞拉爱国部队全体军人分配国家土地。但是，玻利瓦尔从来没有主张把土地分给贫苦百姓。他甚至反对兴办集体农场，反对平均分配土地，而主张发展适合雇工劳动的资本主义大生产。玻利瓦尔是一个资产阶级革命家，我们不能用无产阶级的标准衡量他。据有些材料记载，玻利瓦尔坚决主张"公正的土地制度"。玻利瓦尔对公正的土地制度的解释是：要在公正的物质基础上建立新秩序，因而要把国家的土地优先分给"土著居民和最坚定地为独立事业出过力或受过损失的人"，"任何人，不分性别和年龄，在有灌溉的肥沃地区可得一法内格土地（法内格是南美的一种丈量单位），在没有灌溉的贫瘠地区，则可得两法内格。"但事实上，玻利瓦尔并没有去这样做，他也没有机会去这样做。可以肯定，如果这样做了，玻利瓦尔是注定要失败的。因为这种做法超出了资产阶级革命的范围。所以，即使玻利瓦尔说过上面那些话，或想去那样做，也不过是为了争取更多的人支持他，把独立运动进行到底。

经济问题的另一个突出表现，是对私有财产的态度问题。在历史上，任何资产阶级革命都标榜"私有财产神圣不可侵犯"，这表现了新生资产阶级既要维护自己的富有经济地位，又要在政治上取得权力的愿望。玻利瓦尔也是一样。但是，玻利瓦尔在把拥有"正常的私有财产"看作社会最高权力的同时，他还表示赞成"剥夺私有财产"。但剥夺私有财产必须"出于公众需要或总体利益，并经过法律批准。在这种情

← 玻利瓦尔

况下，只要条件许可，应有适当的补偿。"我们且不谈玻利瓦尔剥夺私有财产只是一句空话，仅所谓"正常的私有财产"就难以解释。看来，正常与不正常的标准主要是对独立运动的态度。所以，玻利瓦尔下令没收逃亡者的私有土地，而没有把自己的土地分给穷人。

从民族关系和国家关系角度看，玻利瓦尔拥有一个明确无误的美洲主义理想。换句话说，玻利瓦尔主张美洲一体化，甚至把美洲各国统一起来，建立一个美洲共和国。在玻利瓦尔早年政治生涯中，他就曾多次表达自己关于美洲在事实上是一个整体的思想。他认为，美洲各地人民，当然是指西班牙所属的拉丁美洲各国，拥有共同的经历——几百年的殖民压迫；共同的语言——西班牙语；共同的宗教天主教；还有共同的风俗；这是达到政治一体化的客观基础。此外，相同的事业、原则和利益也需要实行政治一体化。

玻利瓦尔不但有一个美洲主义的理想，有一个建立美洲共和国的蓝图，而且为实现这一理想和蓝图而奋斗。自

→玻利瓦尔

从他参加独立运动以来，特别是第二共和国和第三共和国以来，玻利瓦尔无时不为建立美洲共和国而努力战斗。在他率领军队进入新格拉纳达以后，他担心委内瑞拉

←玻利瓦尔硬币

丢失，后来建立了委内瑞拉、新格拉纳达和厄瓜多尔联合在一起的"大哥伦比亚共和国"以后，他才放下心来。当他率军进入秘鲁，建立玻利维亚以后，他曾对部下说，在南方他担心北方，在北方他又担心南方。可以看出，玻利瓦尔心中装的不仅仅是委内瑞拉的解放事业，而更重要的是整个南美的独立与联合。因此，称他为南美解放者毫不过分。

事实上，玻利瓦尔的美洲主义思想既有美洲统一的意思，又有美洲各国联合行动的意思。在那封著名的《牙买加的来信》中，他曾再次提出："要完成获得新生的大业，显然需要联合起来，我敢断言，唯有真正联合起来，我们才能驱赶西班牙人，建立自由政府。"从联合斗争角度看，玻利瓦尔的美洲主义思想是值得赞扬的。拉丁美洲国家在独立之后长期不能摆脱

西方大国的影响，在经济上严重依赖外国，正是因为拉美各国之间连年战争、互不团结造成的。

玻利瓦尔设想的美洲共和国并不是把美洲变成一个国家，而是形成统一对外、共同防务的美洲联邦，形成美洲一体化。他的美洲一体化甚至包括美国在内，因为他称美国为"我们的北方兄弟"，又称南美居民为"我们的南方兄弟"。可以看出，玻利瓦尔的雄心壮志是难能可贵的。但是，玻利瓦尔关于美洲一体化的思想成为他历史悲剧的另一个来源。由于南美各国土生白人领导者相互矛盾，野心太大，他们极力反对玻利瓦尔关于美洲联合的主张。

最后，从文明角度看，玻利瓦尔为之奋斗的事业，不论政治上的主权和民主，经济上的公平的土地制度，还是民族关系上的美洲主义，都是要使南美社会进入更高的文明。玻利瓦尔认为，南美文明的基础是教育。在他看来，国家的生存取决于教育。没有教育，就没有历史，就不会有长期持续的民族风貌。他认为，教育事业是估量社会的试金石。他说："如果一个人忘掉了他的家庭首先属于国家，其次才属于他个人，因而不关心培育自己的子女，那么他就不能算是好公民，不能得到尊敬。"在委内瑞拉，有人专门研究玻利瓦尔的教育思想。这些学者认为，玻利瓦尔关心教育，尊

敬知识分子，热心大学事业。他不仅关心各级教育的教学单位，而且重视新闻、宣传和其他舆论工作。玻利瓦尔的教育思想是为他的解放事业服务的，这正是解放者受人尊敬的原因之一。

玻利瓦尔的政治抱负可以用一句话来概括，那就是，打碎殖民枷锁，改变美洲面貌，建立一个新世界。这一抱负使玻利瓦尔致力于南美独立、民主、确立共和政府和加强法制，使玻利瓦尔解放了一个又一个南美国家，并因此而获得解放者的光荣称号。但与此同时，也正是这一伟大的政治抱负注定了他遭到那么多人的不理解甚至反对，最终献出了宝贵的生命。

← 玻利瓦尔纪念碑

逆境中的悲剧

人造的风暴比海洋上的风暴更厉害。
人在逆境里比在顺境里更能坚持不屈，
遭到厄运时比交好运时更容易保全身心。

——雨　果

就在解放者玻利瓦尔南征北战，解放一个又一个
地方，取得一个又一个胜利，获得一个又一个荣誉的
过程中，历史的悲剧正在悄悄向他袭来。令玻利瓦尔
防不胜防、难以逃脱的是，这些悲剧的制造者正是他

→玻利瓦尔

从前的朋友或亲信，有些人曾
对玻利瓦尔表示了无限忠诚。

在与圣马丁举行了那次具
有历史意义的会晤之后，从
1822 年 7 月至 1823 年 8 月，玻
利瓦尔一直待在瓜亚基尔，而
没有马上进入秘鲁。因为解放
者知道，没有秘鲁人民的请求，

没有哥伦比亚议会的批准，他率兵前往只会带来误解和麻烦。1823年8月，他收到了哥伦比亚议会的批准书，秘鲁也已经第四次派代表团前来请玻利瓦尔去援助，玻利瓦尔才率兵开进秘鲁，去同那里的西班牙顽固分子决

← 桑坦德

战。但是，秘鲁战争的困难主要不在于西班牙势力，而在于革命队伍内部的不和及互相倾轧，玻利瓦尔不得不用很大精力同叛乱分子作斗争。所以，玻利瓦尔总感到兵力不足。于是，他向波哥大的哥伦比亚副总统桑坦德发信，要求派兵增援。但是，这位当初受玻利瓦尔信任的副总统，此时已不听玻利瓦尔调遣，他在1824年1月6日给玻利瓦尔的答复是："如果国会或者欧洲方面给我以经济援助，那么您就能如愿以偿；否则的话，我也无能为力。"到了5月1日，桑坦德对玻利瓦尔的一再要求又给以下述答复："我只是哥伦比亚的而不是秘鲁的行政官。法律只授权我如何管理好我自己的共和国，同秘鲁并不相干。虽然哥伦比亚的总统到他国领土上带兵作战，但我的职权的法律性质

并未改变。"可见，桑坦德并不像玻利瓦尔那样心中想着整个南美解放事业。如果仅仅是不援助秘鲁，问题可能不大。但这种不援助后来又发展到相互敌对和进攻。新独立的拉美各国间的战争彻底毁了玻利瓦尔建立美洲联合的美好理想。

尽管困难重重，玻利瓦尔还是在苏克雷帮助下，取得了征战秘鲁的胜利。1824年8月6日，玻利瓦尔指挥的胡宁战役，消灭了敌人骑兵主力。12月9日，苏克雷将军指挥的阿亚库巧战役全歼西班牙侵略军。至此，整个南美反对西班牙殖民统治的民族独立战争取得了最后胜利。1825年，秘鲁授予玻利瓦尔独裁官职务，1826年，他又当选为秘鲁终身总统。在1825年以

→玻利瓦尔雕像

后，玻利瓦尔开始着手秘鲁的重建和改革。他到各地巡视，了解情况，实施了一个又一个措施，从土地分配到公共教育，从政府工作到城乡交通，解放者为秘鲁的事业操透了心。

← 玻利瓦尔纪念碑

就在玻利瓦尔致力于秘鲁的事业时，从他的家乡委内瑞拉传来不祥消息：玻利瓦尔留在加拉加斯掌握政权的派斯将军受到许多人的反对，委内瑞拉局势紧张。1825年10月，派斯在给玻利瓦尔的信中，抱怨国会议员们为所欲为，而那些为共和国流血牺牲的军人们却没有得到尊敬和应有的地位。遗憾的是，派斯在信中提出的解决办法是，像拿破仑那样，用军队这只铁拳去拯救共和国。这使得玻利瓦尔更加不安。他赶紧给派斯写信，表示他不能同意这样做，但是，当时的交通十分不便，信件传递相当慢。派斯1825年10月的来信，玻利瓦尔直到1826年3月才收到。到1826年9月，听说派斯已经在委内瑞拉招募新兵，甚至是抓兵，局势进一步恶化。

→ 玻利瓦尔

这样，玻利瓦尔不得不决定回到加拉加斯。但是，这漫长的路程使玻利瓦尔直到年底才来到委内瑞拉的边境。

当玻利瓦尔回到大哥伦比亚时，得知事情已经发展到难以收场的地步。由于当时委内瑞拉和哥伦比亚（即新格拉纳达）同属大哥伦比亚共和国，所以，派斯的行为被告到国会，国会则决定传派斯到首都波哥大接受审讯。而主张这样做的，正是掌握哥伦比亚大权的桑坦德。桑坦德早就对军队特权太多心怀不满，现在总算有机会惩治委内瑞拉的军人派斯，他很快就派人去接替派斯的职位。派斯担心到波哥大去遭到暗杀，所以拒绝了国会的传讯。不但如此，巴伦西亚等地还宣布派斯为军政最高首脑，这分明是要闹独立。一场内战即将在大哥伦比亚爆发。

1826年12月19日，已经来到委内瑞拉的玻利瓦尔颁布命令，各行省直接属于他，各有关地方当局自接到本命令之时起，不再服从玻利瓦尔以外的任何上级领导。1826年12月31日，玻利瓦尔来到卡贝略港，并召见派斯，同时重申，派斯仍为委内瑞拉总司令。结果玻利瓦尔受到派斯的热烈欢迎。他虽然对派斯的所作所为不满，但并不想加害于他，因为派斯是他的老战友。而且，更重要的原因是，玻利瓦尔从全局出发，为长远着想，最终目的仍是联合起来的美洲。

但是，桑坦德不准备退让。由于玻利瓦尔没有惩罚派斯，他感到极度失望和恼怒。他决意破坏哥伦比亚共和国，并开始反对玻利瓦尔。他召开国会会议，修改玻利瓦尔制定的宪法，煽动议员们的不满情绪。在1828年3月的国会上，玻利瓦尔及其追随者已不占上风。这种使玻利瓦尔无路可走的形势是他从未想到的。

由于国会意见分歧，玻利瓦尔宣布在哥伦比亚实行独裁统治。于是，阴谋者们对玻利瓦尔恨之入骨，一个暗杀计划开始实施。1828年9月25日夜间12点，阴谋者向总统府发起进

← 桑坦德雕塑

曼努埃拉·萨恩斯 1797 年出生于厄瓜多尔基多。与玻利瓦尔相识后，萨恩斯与玻利瓦尔一起投入革命运动，是南美洲解放运动最早的女性革命者之一。1856 年，萨恩斯在秘鲁去世并在当地下葬。

攻。他们杀了一个哨兵和一个班长，制服了其他卫兵，进入总统官邸。当时，玻利瓦尔身边只有一个名叫安德列斯·伊瓦拉的中尉侍从。他几乎是赤裸着身子跑出来抵抗。叛逆者以为他就是玻利瓦尔，向他砍了一刀。就在这时，叛逆者面前来了一位手持利剑的漂亮夫人，并镇定自若、彬彬有礼地问他们有何贵干。她就是有名的曼努埃拉·萨恩斯小姐。

自从结发夫人特蕾莎病逝后，玻利瓦尔不想同任何其他女人结婚。但是，他毕竟是有血有肉的男子，特别是随着他的名声扩大和地位的提高，追求他的女人很多。也有的材料说玻利瓦尔是个浪荡公子，但是，从他全身心致力于独立事业的经历看，这种说法似不可信。曼努埃拉是玻利瓦尔心爱的一个姑娘，而且很长时间作为玻利瓦尔的秘书和助手。长期的操心和劳

累破坏了玻利瓦尔的健康，早在秘鲁时，他就经常发烧，发痴呆，精神恍惚。后来，已经骨瘦如柴了。他需要有人照顾，尽管才40多岁，玻利瓦尔已经犹如年迈老人。就在叛逆者们行动的那天晚上，玻利瓦尔感到身体不适，把曼努埃拉唤到身边。按照习惯，曼努埃拉读些东西给他听，看着他入睡。正在这时，她听到了动静，并赶紧把玻利瓦尔叫醒，帮助他穿好衣服，然后告诉他，杀人强盗正在进入总统府，让他从窗户跳出逃走。而她自己，为了让玻利瓦尔有时间脱身，则迎上前去同叛逆者周旋。叛逆者问曼努埃拉，玻利瓦尔在哪里。曼努埃拉骗他们说，他在机关办公。但是，由于玻利瓦尔匆忙逃跑，没有关窗户，叛逆者很快在搜查中发现了窗户大开，就知道玻利瓦尔从窗户逃走了。

玻利瓦尔逃出总统卧室后，藏在一座桥下。他遇到了一个管家，让这个管家去兵营探听消息。管家回来告诉他，军队还忠于玻利瓦尔。很快，

← 曼努埃拉·萨恩斯

反叛者们被绳之以法，有14人被处死刑。

　　整个1829年也是在动荡不安中度过的。各地掌管军队的野心家根本不服从玻利瓦尔的命令。原属大哥伦比亚的厄瓜多尔闹独立；秘鲁为了吞并厄瓜多尔向哥伦比亚发动军事进攻。玻利瓦尔的身体也越来越不好。他已经没有能力和体力控制局面和管理国家。1829年末，玻利瓦尔决定辞去总统职务。1830年1月20日，他向哥伦比亚国会提出辞职。他在辞职书的最后一段说："同胞们，我惭愧地告诉你们，独立是我们牺牲了所有其他一切才争取到的唯一的财富。有了独立，就打开了一道大门，大家能够在你们的主持下，在荣誉和自由的光辉照耀下，去重新获得其他的财富。"

　　哥伦比亚国会担心，一旦宣布玻利瓦尔辞职，会

→玻利瓦尔与曼努埃拉·萨恩斯

引起政局变动，社会混乱。因此，国会没有同意玻利瓦尔辞职。但玻利瓦尔心意已决，他颁布命令，任命多明戈·凯塞多将军主持内阁，并于3月1日将共和国总统的权力移交给他。现在，玻利瓦尔终于挣断了折磨他的羁绊，即长期以来朋友们对他的希望和他自己那美妙的憧憬，回到正常的普通人的生活中来。

尽管好多省份在闹独立，但却都欢迎玻利瓦尔到他们那里去居住。1830年5月，玻利瓦尔来到北部的塔赫纳港，准备从这里乘船流亡国外。但是，他的身体一天不如一天，已经没有体力搭船出国了。他身边缺少医生。这还不算，更严重的是，玻利瓦尔不想要医生，还拒绝服用任何药品。这倒不是他想死，而是想用这种办法锻炼自己，克服自己的身体衰弱，甚至想在海上航行几天，借助晕船来去掉一点胆汁，把胃清洗一下。可想而知，这种疗法只能使玻利瓦尔的身体越来越差。到1830年11月6日，他在给别人的信中说："我的疾病日益复杂了，我已经虚弱到这种地步，就在今天，竟然自己莫名其妙、昏昏沉沉地跌倒在地，半死不活。"

1830年12月，玻利瓦尔已病入膏肓。尽管后来有一位法国医生为他诊治，但已经无力回天。12月10日，天主教会主教告诉玻利瓦尔，他已经濒临死亡的

→玻利瓦尔在他最后的日子里

危险。12月11日，玻利瓦尔接受了临终圣礼，签署了他的遗嘱、一份向哥伦比亚人民的告别辞以及他的最后一封信。

在遗嘱中，玻利瓦尔命令把他的遗骨安葬在加拉加斯城，并把别人送给他的两部曾属于拿破仑的藏书赠给该城的大学。这两部书一部是卢梭的《社会契约论》，另一部是蒙特库里的《军事学》。

在给哥伦比亚人民的告别辞中，玻利瓦尔说：

"哥伦比亚同胞们：你们已经目睹了我为在暴君统治过的土地上建立自由制度而作出的努力。我不图私利地工作，抛弃了家产，乃至安居乐业的生活。当我确信你们怀疑我的无私精神时，我便放弃了权力。我的敌人滥用你们的轻信，践踏了我心目中最神圣的东西，即：我的名誉和我对自由的热爱。我成为他们迫害的牺牲品，是他们把我引到坟墓的大门口，我

宽恕他们。在我同你们诀别的时候，我对你们的亲密感情驱使我倾吐我的最后愿望。我唯一渴望的荣誉，就是哥伦比亚的巩固。保持联盟会带来无可估量的裨益，你们大家都应当为此贡献力量：人民应当服从现政府的领导，摆脱无政府状态；神职人员应当向上天祈祷；军队应当仗剑保护社会福利。哥伦比亚同胞们！我的最后祝愿是祝福祖国。如果我的死有助于结束派系之争，巩固联盟，我将瞑目进入坟墓。"

在玻利瓦尔的最后一封信中，他要求胡斯托·布里塞尼奥将军同乌达内塔和解，帮助他维护哥伦比亚联盟。

1830年12月17日中午，玻利瓦尔逝世，终年47岁。